Einstellung von Mitarbeitern

Einleitung

Die Mitbestimmungsrechte des Betriebsrats unterteilen sich grundlegend in die Mitbestimmung bei sozialen, personellen und wirtschaftlichen Angelegenheiten. In der betrieblichen Praxis kommt der Mitbestimmung bei personellen Angelegenheiten, insbesondere bei der Einstellung gem. § 99 BetrVG, eine besondere Bedeutung zu. Für viele Betriebsräte gehört die Mitbestimmung bei Einstellungen zum festen Programm in jeder Betriebsratssitzung. Dies gilt besonders in größeren Betrieben bzw. in Betrieben mit einer hohen Personalfluktuation. Für den Umgang mit dem Mitbestimmungsrecht gem. § 99 BetrVG bei Einstellungen wurde diese Arbeitshilfe als kompakte Unterstützung konzipiert.

Dazu haben die Autoren aus ihrer langjährigen Erfahrung als Rechtsberater von Betriebsräten, als Rechtsanwälte im Rahmen von arbeitsgerichtlichen Verfahren und als Referenten für betriebsverfassungsrechtliche Seminare typische Fragen von Betriebsräten im Rahmen der Mitbestimmung bei Einstellungen gem. § 99 BetrVG zusammengetragen. In dieser Arbeitshilfe finden sich unter Berücksichtigung der aktuellen arbeitsgerichtlichen Rechtsprechung Antworten auf diese Fragen.

Zur besseren Lesbarkeit wurde im Folgenden auf ein Gendering verzichtet: Alle Formulierungen erfassen stets alle Geschlechter.

Die Autoren

Dr. Sascha Lerch
Rechtsanwalt/Fachanwalt für Arbeitsrecht
Vertretung und Beratung von Arbeitnehmern, Betriebsräten und Gewerkschaften im kollektiven und individuellen Arbeitsrecht
Regelmäßige Referententätigkeit bei Seminaren für Betriebsräte im Arbeits- und Betriebsverfassungsrecht
lerch@schwegler-rae.de

Dr. Lars Weinbrenner
Rechtsanwalt/Fachanwalt für Arbeitsrecht
Vertretung und Beratung von Arbeitnehmern, Betriebsräten und Gewerkschaften im kollektiven und individuellen Arbeitsrecht
Regelmäßige Referententätigkeit bei Seminaren für Betriebsräte im Arbeits- und Betriebsverfassungsrecht
weinbrenner@schwegler-rae.de

Inhaltsübersicht

Der Inhalt der 4. Auflage entspricht dem Inhalt der Online-Edition 25/2021

www.betriebsrat-plus.beck.de
www.vahlen.de

ISBN 978 3 8006 6813 7

Wilhelmstraße 9, 80801 München
Druck und Bindung: Himmer GmbH
Steinerne Furt 95, 86167 Augsburg

Redaktion: Claudia Schöberl, M. A., Verlag Franz Vahlen GmbH, München

Satz: Druckerei C.H.Beck, Nördlingen

Umschlaggestaltung: Martina Busch, Grafikdesign, Homburg Saar

vahlen.de/nachhaltig

Gedruckt auf säurefreiem, alterungsbeständigem Papier
(hergestellt aus chlorfrei gebleichtem Zellstoff)

I. Voraussetzungen für die Mitbestimmung

In § 99 BetrVG ist geregelt, dass das Mitbestimmungsrecht gem. § 99 BetrVG nicht in jedem Betrieb zur Anwendung kommt. Nachfolgend soll aufgezeigt werden, welche Voraussetzungen in einem Betrieb erfüllt sein müssen, damit ein Betriebsrat bei Einstellungen gem. § 99 BetrVG mitbestimmen darf und wie diese Mitbestimmung ausgestaltet ist.

1. Wie ist das Mitbestimmungsrecht bei Einstellungen ausgestaltet?

Gem. § 99 BetrVG hat der Betriebsrat ein Mitbestimmungsrecht bei einer Einstellung. Das Wort „Mitbestimmung" erweckt den Eindruck, als ob der Betriebsrat Einstellungen bei Nichteinigung mit dem Arbeitgeber im Rahmen einer Einigungsstelle verhindern oder ggf. auch herbeiführen könnte (Initiativrecht). Aus §§ 99 ff. BetrVG ergibt sich allerdings eine andere Konzeption des Gesetzgebers. Dieser sieht zwar kein „echtes" Mitbestimmungsrecht vor, verpflichtet den Arbeitgeber allerdings zur umfassenden **Unterrichtung** und zur Einholung der **Zustimmung** des Betriebsrats. Verweigert der Betriebsrat die Zustimmung aus den im Gesetz vorgesehenen **Gründen,** darf der Arbeitgeber die beabsichtigte Maßnahme grundsätzlich nicht durchführen. Ausnahmsweise kann eine **vorläufige personelle Einzelmaßnahme** gem. § 100 BetrVG vorliegen. Hält der Arbeitgeber trotz Zustimmungsverweigerung des Betriebsrats an der beabsichtigten Einstellung fest, muss der Arbeitgeber zunächst ein **Zustimmungsersetzungsverfahren** beim Arbeitsgericht durchführen.

2. Wie hoch ist die Arbeitnehmerzahl, damit das Mitbestimmungsrecht gem. § 99 BetrVG besteht?

Das Mitbestimmungsrecht des Betriebsrats bei Einstellungen gem. § 99 BetrVG besteht bei Unternehmen mit in der Regel mehr als 20 wahlberechtigten Arbeitnehmern. Die Zahl der Arbeitnehmer (**Schwellenwert**) ist nicht auf den einzelnen Betrieb, sondern auf das **gesamte Unternehmen** bezogen.

3. Zählen Leiharbeitnehmer bei dem Schwellenwert mit?

Die Leiharbeitnehmer zählen bei der Berechnung des in § 99 Abs. 1 S. 1 BetrVG enthaltenen **Schwellenwerts** mit. Im Entleiherbetrieb beschäftigte Leiharbeitnehmer sind bei der Festlegung der Zahl der zu wählenden Betriebsratsmitglieder **mitzuzählen** (BAG 13.3.2013 – 7 ABR 69/11). Damit hat das Bundesarbeitsgericht die grundsätzliche Berücksichtigungsfähigkeit von **Leiharbeitnehmern** bei Schwellenwerten im BetrVG und damit auch iRd § 99 BetrVG anerkannt (Fitting BetrVG § 99 Rn. 8b).

4. Werden beim Schwellenwert auch nicht betriebsratsfähige Betriebe berücksichtigt?

Bei der Ermittlung des **Schwellenwerts** sind alle Arbeitnehmer eines Unternehmens zu berücksichtigen. Dies gilt unabhängig davon, ob sie in betriebsratsfähigen oder **nicht betriebsratsfähigen Betrieben** oder Betriebsteilen beschäftigt sind. In einem Unternehmen mit mehr als 20 wahlberechtigten Arbeitnehmern besteht für jeden dort gebildeten Betriebsrat das Mitbestimmungsrecht gem. § 99 BetrVG, auch wenn beispielsweise ein einköpfiger Betriebsrat für einen Betrieb mit lediglich 12 Arbeitnehmern zuständig ist.

5. Worauf ist bei Ermittlung des Schwellenwerts in einem gemeinsamen Betrieb zu achten?

Bilden mehrere Unternehmen mit jeweils weniger als 21 Arbeitnehmern einen **gemeinsamen Betrieb** mit mehr als 20 Arbeitnehmern, stehen sowohl dem Betriebsrat in dem gemeinsamen Betrieb als auch den Betriebsräten in den jeweiligen anderen Betrieben der Unternehmen die Rechte nach §§ 99 ff. BetrVG zu (Fitting BetrVG § 99 Rn. 10).

6. Wie wird die Zahl der „in der Regel" beschäftigten Arbeitnehmer gem. § 99 BetrVG ermittelt?

Bei der Ermittlung der gem. § 99 Abs. 1 S. 1 BetrVG „in der Regel" beschäftigten Arbeitnehmer ist nicht nur auf die ständig beschäftigten Arbeitnehmer abzustellen. Vorübergehend beschäftigte Arbeitnehmer zählen auch dann mit, wenn sie zB zeitlich hintereinander auf einem Arbeitsplatz tätig werden. Das gilt insbesondere für die in § 7 S. 2 BetrVG genannten Leiharbeitnehmer. Im Grunde ist die **Zahl der im Betrieb vorhandenen Arbeitsplätze** entscheidend (Fitting BetrVG § 99 Rn. 11).

7. Welche Rechte stehen Betriebsräten bei Einstellungen in Unternehmen mit bis zu 20 Arbeitnehmern zu?

In Unternehmen mit bis zu 20 Arbeitnehmern besteht bei Einstellungen kein Mitbestimmungsrecht gem. § 99 BetrVG. Gleichwohl resultiert aus den in § 80 BetrVG geregelten **allgemeinen Aufgaben** des Betriebsrats, dass er personelle Maßnahmen beantragen kann, die dem Betrieb und der Belegschaft dienen (§ 80 Abs. 1 Nr. 2 BetrVG). Der Betriebsrat hat die Aufgabe, darüber zu wachen, dass auch bei Einstellungen die zu Gunsten der Arbeitnehmer geltenden Gesetze und Tarifverträge durchgeführt werden (§ 80 Abs. 1 Nr. 1 BetrVG). Aus dem in § 2 Abs. 1 BetrVG geregelten Gebot der **vertrauensvollen Zusammenarbeit** ergibt sich die Pflicht des Arbeitgebers, auch den einköpfigen Betriebsrat über eine geplante Einstellung zu unterrichten. Nach § 75 BetrVG hat der Betriebsrat darauf zu achten, dass bei Einstellungen nach **Recht und Billigkeit** verfahren wird. Dabei spielt insbesondere das Allgemeine Gleichbehandlungsgesetz (AGG) eine Rolle.

8. Wird das Mitbestimmungsrecht gem. § 87 Abs. 1 Nr. 2 BetrVG bzgl. der ersten Zuordnung im Rahmen eines Schichtplans durch das Recht aus § 99 BetrVG verdrängt?

Nein, die Mitbestimmungsrechte nach § 87 Abs. 1 Nr. 2 BetrVG (soziale Angelegenheit) und nach § 99 BetrVG (personelle Angelegenheit) bestehen bei der Einstellung nebeneinander. Sie betreffen unterschiedliche Regelungsgegenstände und sind mit **unterschiedlichen Konfliktmechanismen** ausgestattet (BAG 22.8.2017 – 1 ABR 3/16, 1 ABR 4/16 und 1 ABR 5/16; aA LAG München 7.12.2017 – 4 TaBV 30/17 und 8.2.2018 – 4 TaBVGa 16/17). Dies gilt auch bei Leiharbeitnehmern (BAG 28.7.2020 – 1 ABR 45/18).

II. Begriff der Einstellung

Eine Einstellung unterliegt nach § 99 BetrVG dem Mitbestimmungsrecht des Betriebsrats. Dabei ist zu berücksichtigen, dass betriebsverfassungsrechtliche und individualvertragliche Voraussetzungen, die nicht stets deckungsgleich sind, bei einer Einstellung unabhängig voneinander vorliegen müssen. Nachfolgend soll der Begriff der Einstellung gem. § 99 BetrVG anhand von Fragen und Antworten dargestellt werden.

9. Wann liegt eine Einstellung iSv § 99 BetrVG vor?

Anders als bei der Versetzung – siehe § 95 Abs. 3 BetrVG – enthält das Gesetz keine Legaldefinition für den Begriff „Einstellung". Hierbei ist allein auf die **tatsächliche Beschäftigung** im Betrieb abzustellen (BAG 27.10.2010 – 7 ABR 86/09). Eine Einstellung liegt also dann vor, wenn Personen in den Betrieb eingegliedert werden, um zusammen mit den im Betrieb bereits beschäftigten Arbeitnehmern den arbeitstechnischen Zweck des Betriebs durch weisungsgebundene Tätigkeit zu verwirklichen. Dafür kommt es weder darauf an, wo die „**vertraglichen Angelegenheiten**" des Arbeitnehmers „abgewickelt" werden, noch muss der betroffene Arbeitnehmer einer Bindung an Weisungen einer im Betrieb tätigen „**Führungskraft**" unterliegen. Es ist auch keine Voraussetzung für die Eingliederung in die Betriebsorganisation, dass der Arbeitnehmer seine Arbeiten zu bestimmten Zeiten im Betrieb verrichten muss oder dort über ein **eigenes Büro** verfügt (BAG 22.10.2019 – 1 ABR 13/18). Anders als bei einer Versetzung iSd § 95 Abs. 3 BetrVG lassen sich dem Gesetz **keine quantitativen oder qualitativen Vorgaben** für die zu erbringenden Tätigkeiten, die eine Eingliederung begründen, entnehmen (BAG 12.6.2019 – 1 ABR 5/18). **Wechselt** zB ein Arbeitnehmer von einem Betrieb in einen anderen Betrieb desselben Unternehmens, erfolgt im aufnehmenden Betrieb eine Eingliederung, so dass der dortige Betriebsrat bei der Einstellung gem. § 99 BetrVG zu beteiligen ist. Dies gilt auch, wenn der Arbeitnehmer von Anfang an als „Springer" für die Beschäftigung in verschiedenen Betrieben eingestellt wurde (BAG 30.9.2008 – 1 ABR 81/07).

10. Setzt eine Einstellung die Begründung eines Arbeitsverhältnisses voraus?

Für eine Einstellung gem. § 99 BetrVG ist es nicht erforderlich, dass ein **Arbeitsverhältnis** begründet wird. Entscheidend ist, dass eine Person in den Betrieb eingegliedert wird, um zusammen mit den dort schon beschäftigten Arbeitnehmern tätig zu werden. Auf das Rechtsverhältnis, in dem diese Personen zum Arbeitgeber stehen, kommt es nicht an, so dass § 99 BetrVG auch bei der Einstellung von Nicht-Arbeitnehmern greift (BAG 27.10.2010 – 7 ABR 86/09).

11. Bei welchen Arbeitsverhältnissen liegt eine Einstellung vor?

Bei der Beschäftigung von Arbeitnehmern im Sinne von § 5 Abs. 1 BetrVG, denen ein Arbeitsbereich im Betrieb zugewiesen wird, liegt stets eine mitbestimmungspflichtige Einstellung vor. Auf die nähere Ausgestaltung kommt es dabei nicht an. Neben dem unbefristeten „Normalarbeitsverhältnis" greift das Mitbestimmungsrecht des Betriebsrats auch bei allen anderen Formen, dh auch bei **befristeten, Probe-, Teilzeit-, Aushilfs- und Telearbeitsverhältnissen.** Ebenso unterfällt die Einstellung von **Auszubildenden** sowie von **Praktikanten** und Volontären der Zustimmung des Betriebsrats. Lediglich Schülerpraktikanten fallen nicht unter den Mitbestimmungstatbestand des § 99 BetrVG. Auch die Einstellung von studentischen Aushilfskräften, die bei Bedarf zum Einsatz kommen, unterliegt gem. § 99 BetrVG der Mitbestimmung, da es sich hierbei um eine weisungsgebundene Tätigkeit handelt (BAG 15.12.1992 – 1 ABR 39/92).

12. Muss der Betriebsrat auch beteiligt werden, wenn die Einstellung nur für kurze Zeit erfolgen soll?

Es ist für das Mitbestimmungsrecht des Betriebsrats gem. § 99 BetrVG **unerheblich,** ob eine Einstellung **nur für kurze Zeit** erfolgen soll. Auch Einstellungen für nur wenige Tage bedürfen der Zustimmung des Betriebsrats (BAG 16.12.1986 – 1 ABR 52/85).

13. Was gilt bei der Fortsetzung eines bestehenden Arbeitsverhältnisses?

Bei der Fortsetzung eines bestehenden Arbeitsverhältnisses liegt eine mitbestimmungspflichtige Einstellung gem. § 99 BetrVG vor, wenn der Arbeitgeber hierfür eine **neue Entscheidung** trifft. Dies gilt zB bei der Verlängerung eines zunächst befristet abgeschlossenen Arbeitsvertrags, der Teilzeitbeschäftigung eines Arbeitnehmers während der Elternzeit, der vorübergehenden Beschäftigung von Arbeitnehmern im Betrieb aus einem anderen Konzernunternehmen oder einer Beschäftigung über die tarifliche oder vertraglich vereinbarte Altersgrenze hinaus. Von einer mitbestimmungspflichtigen Einstellung ist auch auszugehen, wenn ein gekündigtes Arbeitsverhältnis vor Ablauf der Kündigungsfrist in beidseitigem Einvernehmen **fortgesetzt** wird. Diese „Erneuerung" des Arbeitsverhältnisses ist vergleichbar mit einer mitbestimmungspflichtigen Verlängerung eines befristeten Arbeitsverhältnisses. Gleiches gilt, wenn der Arbeitgeber den Klageanspruch im Kündigungsschutzprozess **anerkennt** oder bei Abschluss eines entsprechenden **Vergleichs.** Wird die Rechtsunwirksamkeit der Kündigung dagegen gerichtlich festgestellt, liegt keine mitbestimmungspflichtige Einstellung vor.

14. Liegt eine Einstellung vor, wenn auf ein befristetes ein unbefristetes Arbeitsverhältnis folgt?

Eine mitbestimmungspflichtige Einstellung liegt jedenfalls dann vor, wenn der Arbeitgeber mit dem Arbeitnehmer die Fortsetzung des Arbeitsverhältnisses vereinbart (→ *Frage 13: Was gilt bei der Fortsetzung eines bestehenden Arbeitsverhältnisses?*). Eine mitbestimmungspflichtige Einstellung liegt aber auch dann vor, wenn gem. § 15 Abs. 5 TzBfG ein unbefristetes Arbeitsverhältnis dadurch begründet wird, dass der Arbeitgeber den Arbeitnehmer bewusst **über den Ablauf der Befristung hinaus** weiter beschäftigt. Dies gilt auch dann, wenn der Arbeitnehmer erfolgreich gerichtlich gem. § 17 TzBfG geltend macht, dass die Befristung seines Arbeitsvertrages rechtsunwirksam ist. Dagegen ist eine mitbestimmungspflichtige Einstellung zu verneinen, wenn ein befristetes **Probearbeitsverhältnis** nach Ablauf der Probezeit in ein unbefristetes Arbeitsverhältnis umgewandelt wird und der Betriebsrat über diese Zielsetzung im Verfahren nach § 99 BetrVG vor Abschluss des Probearbeitsverhältnisses informiert worden war (BAG 7.8.1990 – 1 ABR 68/89).

15. Ist die Erhöhung der persönlichen Arbeitszeit eine Einstellung?

Eine Arbeitszeiterhöhung kann eine mitbestimmungspflichtige Einstellung darstellen. Dies gilt jedenfalls dann, wenn sie **nicht nur geringfügig** ist, dh für mehr als einen Monat vorgesehen ist und mindestens 10 Stunden pro Woche beträgt (BAG 9.12.2008 – 1 ABR 74/07). Der Betriebsrat kann seine Beteiligung bereits vor Abschluss des entsprechenden Änderungsvertrags verlangen, um noch Einfluss nehmen zu können (Fitting BetrVG § 99 Rn. 41). Bei **Verringerung der Arbeitszeit** liegt allerdings keine Einstellung iSv § 99 BetrVG vor (BAG 25.1.2005 – 1 ABR 59/03).

16. Was ist bei einer Versetzung in einen anderen Betrieb des Unternehmens oder Konzerns zu beachten?

Durch die Versetzung in einen anderen Betrieb des Unternehmens oder Konzerns kommt es zu einer gem. § 99 BetrVG **mitbestimmungspflichtigen Einstellung** im aufnehmenden Betrieb und einer mitbestimmungspflichtigen Versetzung im abgebenden Betrieb. Zu differenzieren ist bei der **Rückkehr** in den Ursprungsbetrieb. Die Rückkehr ist nicht mitbestimmungspflichtig, wenn sie bereits von Anfang an Gegenstand des im abgebenden Betrieb durchgeführten Mitbestimmungsverfahrens war (BAG 18.10.1988 – 1 ABR 26/87).

17. Wie wirkt sich eine Wiedereinstellung auf das Mitbestimmungsrecht bei Einstellungen aus?

Wird das Arbeitsverhältnis beendet und ist **völlig offen**, ob bzw. wann der Arbeitnehmer zu diesem Arbeitgeber zurückkehren wird, ist bei einer **Wiedereinstellung** das Mitbestimmungsrecht des Betriebsrats gem. § 99 BetrVG zu beachten. Eine Wiedereinstellung, die nach Beendigung eines vorangegangenen Arbeitsverhältnisses durch Abschluss eines neuen Arbeitsvertrags vollzogen wird, ist dann eine mitbestimmungspflichtige Einstellung, wenn der Arbeitgeber hinsichtlich des Einsatzes des Arbeitnehmers einen **Spielraum** hat (BAG 5.4.2001 – 2 AZR 580/99). Anders zu bewerten ist es, wenn ein Arbeitnehmer lediglich **vorübergehend**, etwa infolge einer Abordnung zu einem anderen Betrieb innerhalb des Unternehmens, aus dem Betrieb ausscheidet und anschließend wieder zurückkehrt. Diesbezüglich besteht unter dem Gesichtspunkt der Einstellung kein Mitbestimmungsrecht. In diesem Fall kommt allerdings ein Mitbestimmungsrecht des Betriebsrats hinsichtlich der Abordnung in Betracht, da diese als Versetzung gem. § 99 BetrVG der Zustimmung bedarf (→ *Frage 13: Was gilt bei der Fortsetzung eines bestehenden Arbeitsverhältnisses?*; → *Frage 16: Was ist bei einer Versetzung in einen anderen Betrieb des Unternehmens oder Konzerns zu beachten?*).

18. Ist die Übernahme in ein Arbeitsverhältnis nach Beendigung der Ausbildung eine Einstellung?

Die Übernahme in ein Arbeitsverhältnis nach Beendigung der Ausbildung oder die Weiterarbeit nach § 24 BBiG unterfallen dem **Mitbestimmungsrecht** des Betriebsrats gem. § 99 BetrVG. Ebenso liegt eine mitbestimmungspflichtige Einstellung vor, wenn Personen für eine vorgesehene Tätigkeit eine Ausbildung erhalten, ohne die eine solche Tätigkeit nicht denkbar wäre. Es kommt dabei nicht darauf an, ob diese Personen nach der Ausbildung in einem Arbeitsverhältnis oder als freie Mitarbeiter beschäftigt werden (BAG 20.4.1993 – 1 ABR 59/92).

19. Liegt eine Einstellung bei Übernahme eines Mitglieds der Jugend- und Auszubildendenvertretung in ein unbefristetes Arbeitsverhältnis gem. § 78a BetrVG vor?

Es liegt keine mitbestimmungspflichtige Einstellung gem. § 99 BetrVG vor, wenn die Entstehung des Arbeitsverhältnisses **vom Gesetz vorgegeben** wird. Dementsprechend besteht bei einer Übernahmeverpflichtung des Arbeitgebers nach § 78a BetrVG kein Mitbestimmungsrecht des Betriebsrats, wenn die Weiterbeschäftigung auf demselben Arbeits- bzw. Ausbildungsplatz erfolgt. Bedarf es dagegen bei Umsetzung des Übernahmeanspruchs einer **Versetzung,** muss der Betriebsrat dieser zustimmen. Zudem ist eine mitbestimmungspflichtige Ein-/Umgruppierung gegeben (Fitting BetrVG § 99 Rn. 52).

20. Liegt eine Einstellung vor, wenn unternehmens- oder konzernangehörigen Führungskräften die Personalführung von Mitarbeitern eines Betriebs übertragen wird?

Mit der Wahrnehmung von Führungsaufgaben ist regelmäßig eine Einstellung in den Betrieb verbunden. Schließlich erbringt die Führungskraft innerhalb der Betriebsorganisation des Arbeitgebers abhängige Arbeitsleistungen, die der Verwirklichung des arbeitstechnischen Zwecks des Betriebs zu dienen bestimmt sind (→ *Frage 9: Wann liegt eine Einstellung iSv § 99 BetrVG vor?*). Dem steht nicht entgegen, dass die Führungskraft nicht in den Räumen bzw. auf dem Grundstück des Betriebs ihre Arbeit verrichtet. Ebenso steht der Einstellung nicht entgegen, dass die Führungskraft bereits einem anderen Betrieb des Unternehmens oder Konzerns angehört. Schließlich kann ein Arbeitnehmer auch mehreren Betrieben angehören. Es spielt keine Rolle, ob die Führungskraft selbst **Weisungen einer Führungskraft** des aufnehmenden Betriebs unterliegt. Ferner kommt es nicht darauf an, wie häufig die Führungstätigkeiten erfolgen oder wieviel Zeit sie in Anspruch nehmen. Anders als bei einer Versetzung iSd § 95 Abs. 3 BetrVG lassen sich dem Gesetz **keine quantitativen oder qualitativen Vorgaben** für die zu erbringenden Tätigkeiten, die eine Eingliederung begründen, entnehmen (BAG 12.6.2019 – 1 ABR 5/18; BAG 30.9.2008 – 1 ABR 81/07).

21. Ist die Arbeitsaufnahme von Leiharbeitnehmern eine Einstellung?

Die Arbeitsaufnahme von Leiharbeitnehmern ist immer eine mitbestimmungspflichtige Einstellung (LAG Bln-Bbg 5.12.2019 – 21 TaBV 489/19). Dies ist durch **§ 14 Abs. 3 AÜG** ausdrücklich klargestellt. Das Mitbestimmungsrecht besteht unabhängig vom zeitlichen Umfang und der Dauer der Beschäftigung. Da auch kurze Einsätze von Leiharbeitnehmern zu einer tatsächlichen Eingliederung im Betrieb führen, können sich daraus vom Betriebsrat bei Ausübung seines Mitbestimmungsrechts zu berücksichtigende personelle Konsequenzen für die anderen Beschäftigten ergeben. Es liegt auch dann eine mitbestimmungspflichtige Einstellung eines Leiharbeitnehmers vor, wenn in einer Betriebsvereinbarung eine **Quote zur Beschäftigung von Leiharbeitnehmern** geregelt ist (HessLAG 3.11.2011 – 5 TaBV 70/11).

22. Wie wirken sich mehrere Einsätze von Leiharbeitnehmern aus?

Eine mitbestimmungspflichtige Einstellung gem. § 99 BetrVG liegt vor, wenn ein Leiharbeitnehmer **über den zunächst geplanten Zeitpunkt hinaus** weiter als Leiharbeitnehmer beschäftigt wird (BAG 9.3.2011 – 7 ABR 137/09). Dies gilt auch, wenn aufeinanderfolgend **mehrere befristete Einsätze** von Leiharbeitnehmern erfolgen. Diesbezüglich ist ab dem 1.4.2017 die **Überlassungshöchstdauer** von 18 Monaten gem. § 1 AÜG zu beachten (→ *Arbeitnehmerüberlassung und sonstiges Fremdpersonal / Frage 1: Was ist Arbeitnehmerüberlassung oder Leiharbeit?*). Mitbestimmungspflichtig ist auch der **Austausch** eines Leiharbeitnehmers durch einen anderen Leiharbeitnehmer (BAG 23.1.2008 – 1 ABR 74/06).

23. Ist der so genannte Fremdfirmeneinsatz mitbestimmungspflichtig?

Bei einem Fremdfirmeneinsatz beauftragt der Arbeitgeber ein anderes, fremdes Unternehmen, im Betrieb mit dessen Beschäftigten bestimmte Arbeiten im Rahmen eines **Werk- oder Dienstvertrags** zu erbringen (→ *Arbeitnehmerüberlassung und sonstiges Fremdpersonal / Frage 32: Welche Indizien sprechen für eine Eingliederung in den Betrieb?*). Es kommt für die Anwendung des Mitbestimmungsrechts des Betriebsrats bei Einstellungen gem. § 99 BetrVG entscheidend darauf an, dass Personen, die für einen Werk- oder Dienstnehmer im Betrieb des Auftragsgebers tätig werden, so in die betriebliche Organisation des Auftraggebers **integriert** werden, dass dieser die im Arbeitsverhältnis wesentlichen Entscheidungen zu treffen hat (BAG 13.5.2014 – 1 ABR 50/12). Darunter ist beispielsweise die Zuweisung einer konkreten Arbeitsaufgabe, die Reihenfolge der Arbeitsschritte und die Festlegung von Arbeitszeitbeginn und -ende zu verstehen. Personenbezogene Entscheidungen, etwa die Festlegung von Urlaub, betreffen dagegen nicht den konkreten Arbeitseinsatz. Sollten diese Entscheidungen – weiterhin – vom Vertragsarbeitgeber getroffen werden, kann gleichwohl ein Mitbestimmungsrecht des Betriebsrats bei

Einstellungen nach § 99 BetrVG im aufnehmenden Betrieb entstehen.

Eine Eingliederung in den Betrieb und dessen Organisation ist allerdings nicht schon dann anzunehmen, wenn Personen im Betrieb des Auftraggebers tätig werden und ihre Dienstleistung oder das von ihnen zu erstellende Werk nach Art, Umfang, Güte, Zeit und Ort in den betrieblichen Arbeitsprozess eingeplant oder detailliert beschrieben ist (BAG 8.11.2016 – 1 ABR 57/14). Andererseits kommt es auch nicht darauf an, wie häufig ein Einsatz erfolgt und wie lange dieser dauert. Eine Eingliederung kann auch dann vorliegen, wenn die Leistungen außerhalb des Betriebsgeländes erbracht werden (BAG 13.12.2016 – 1 ABR 59/14). Um Streitigkeiten zu vermeiden, die beim Fremdfirmeneinsatz aufgrund von Abgrenzungsschwierigkeiten im Rahmen des Mitbestimmungsrechts gem. § 99 BetrVG auftreten können, kann der Abschluss einer **Betriebsvereinbarung** über die Voraussetzungen für einen Fremdfirmeneinsatz und dessen Ausgestaltung sinnvoll sein (Fitting BetrVG § 99 Rn. 72).

Praxistipp

Zur Prüfung, ob eine Einstellung beim Fremdfirmeneinsatz vorliegt, kann der Betriebsrat gem. § 80 Abs. 2 S. 1 BetrVG Auskunft über den zeitlichen Umfang des Einsatzes, den Einsatzort und die Arbeitsaufgaben dieser Personen verlangen. Zudem sind ihm gem. § 80 Abs. 2 S. 3 BetrVG die entsprechenden Verträge zur Verfügung zu stellen.

24. Ist die Beschäftigung eines freien Mitarbeiters eine Einstellung?

Im Zusammenhang mit dem **Fremdfirmeneinsatz** (→ *Frage 23: Ist der so genannte Fremdfirmeneinsatz mitbestimmungspflichtig?*) wurden bereits die Kriterien genannt, bei denen eine mitbestimmungspflichtige Einstellung gem. § 99 BetrVG vorliegt. Die für die Fremdfirmen-Beschäftigten geltenden Kriterien sind auf freie Mitarbeiter („Freelancer") ebenfalls anzuwenden (BAG 25.9.2013 – 10 AZR 282/12). Es kommt also für das Vorliegen einer mitbestimmungspflichtigen Einstellung eines freien Mitarbeiters darauf an, dass dieser in die **betriebliche Organisation** des Auftraggebers integriert wird und der Auftraggeber die wesentlichen Entscheidungen zur Arbeitspflicht trifft.

III. Ablauf des Mitbestimmungsverfahrens, Unterrichtung

In der praktischen Handhabung des Mitbestimmungsverfahrens bei Einstellungen gem. § 99 BetrVG stellen sich für den Betriebsrat zahlreiche Fragen. Diese betreffen den Umfang der vom Arbeitgeber zu liefernden Informationen und die Reaktionsmöglichkeiten des Betriebsrats. Die nachfolgenden Antworten sollen dem Betriebsrat Sicherheit im Mitbestimmungsverfahren geben.

25. Wie muss der Betriebsrat bei einer Einstellung beteiligt werden?

Der Arbeitgeber hat bei einer geplanten **Einstellung** (→ *Frage 9: Wann liegt eine Einstellung iSv § 99 BetrVG vor?* ff.) gem. § 99 Abs. 1 BetrVG zwei Verpflichtungen. Erstens muss er den Betriebsrat **unterrichten** (→ *Frage 26: Wann muss der Arbeitgeber über eine Einstellung informieren?* ff.). Zweitens muss er den Betriebsrat **um Zustimmung bitten** (→ *Frage 43: Wie muss der Arbeitgeber den Betriebsrat zur Zustimmung bei einer Einstellung auffordern?*).

→ *Muster 1: Ablauf der Mitbestimmung bei einer Einstellung gem. § 99 BetrVG*

26. Wann muss der Arbeitgeber über eine Einstellung informieren?

Die Unterrichtung des Betriebsrats muss **rechtzeitig** erfolgen. Eine gesetzliche Definition, was rechtzeitig ist, gibt es nicht. Aber der Betriebsrat muss bei einer Einstellung **mindestens eine Woche** die Möglichkeit haben, die vom Arbeitgeber vorgelegten Informationen zu prüfen (→ *Frage 47: Bis wann muss der Betriebsrat auf eine Anhörung reagieren?*). Vor diesem Hintergrund hat die Unterrichtung spätestens eine Woche vor Abschluss eines Arbeitsvertrages oder der Arbeitsaufnahme zu erfolgen. Bei Bewerbungen schwerbehinderter Menschen und entsprechenden Vermittlungsvorschlägen der Agentur für Arbeit ist der Betriebsrat gem. § 164 Abs. 1 S. 4 SGB IX unmittelbar nach deren Eingang zu unterrichten (Fitting BetrVG § 99 Rn. 163).

27. Was ist Sinn und Zweck der Unterrichtung gem. § 99 Abs. 1 BetrVG?

Die Unterrichtungs- und Vorlagepflicht nach § 99 Abs. 1 S. 1 und 2 BetrVG dient dazu, dem Betriebsrat Informationen zu verschaffen, die er benötigt, um sein **Recht zur Stellungnahme** nach § 99 Abs. 2 BetrVG sachgerecht ausüben zu können. Er soll mit den mitgeteilten **Tatsachen prüfen** können, ob ein Zustimmungsverweigerungsgrund vorliegt (Fitting BetrVG § 99 Rn. 162).

28. Was gehört zu einer umfassenden Unterrichtung?

Gem. § 99 Abs. 1 BetrVG hat der Arbeitgeber den Betriebsrat bei einer Einstellung zu unterrichten. Dabei hat er ihm die **erforderlichen Bewerbungsunterlagen** vorzulegen und Auskunft über die Person der Beteiligten zu geben. Er hat dem Betriebsrat unter Vorlage der erforderlichen Unterlagen **Auskunft über die Auswirkungen der geplanten Maßnahme** zu geben. Bei Einstellungen hat der Arbeitgeber insbesondere die **vorgesehene Eingruppierung** sowie den **vorgesehenen Arbeitsplatz** oder den **vorgesehenen Einsatzbereich** mitzuteilen. Das betrifft nicht nur den räumlichen Ort, an dem die Arbeit geleistet werden soll, sondern auch die Funktion, in die der einzustellende Arbeitnehmer in den jeweiligen Betrieb eingegliedert werden soll, also den Arbeitsbereich (BAG 12.6.2019 – 1 ABR 39/17). Dabei ist eine Unterrichtung nur vollständig, wenn der Betriebsrat prüfen kann, ob ein Zustimmungsverweigerungsgrund gem. § 99 Abs. 2 BetrVG vorliegt (BAG 27.10.2010 – 7 ABR 86/09; Fitting BetrVG § 99 Rn. 162, 174). Aus der Unterrichtung müssen sich ua folgende Fragen beantworten lassen:

- Welcher **Bewerber** soll kommen (ua genaue Personalien)?
- Für welchen **Arbeitsplatz** soll der Arbeitnehmer eingestellt werden (ua in welchem zeitlichen Umfang)?
- Wieso besitzt der Bewerber nach Ansicht des Arbeitgebers fachlich und persönlich die **Eignung** für den vorgesehenen Arbeitsplatz (ua Erfüllung von Voraussetzung einer Auswahlrichtlinie gem. § 95 BetrVG und den in einer Ausschreibung gem. § 93 BetrVG enthaltenen Anforderungen)?
- Welche **Auswirkungen** hat die Einstellung auf andere Arbeitnehmer (zB Arbeitsplatzsicherheit)?

29. Muss der Arbeitgeber die Bewerbungsunterlagen aller Bewerber dem Betriebsrat vorlegen?

Der Arbeitgeber muss die **Bewerbungsunterlagen aller Bewerber** vorlegen (BAG 3.12.1985 – 1 ABR 72/83). Er darf nicht lediglich die Unterlagen des von ihm ausgewählten Bewerbers vorlegen. Ansonsten könnte der Betriebsrat beispielsweise nicht prüfen, ob der Arbeitgeber bei der Einstellung gegen ein Diskriminierungsverbot verstoßen hat (Fitting BetrVG § 99 Rn. 167) (→ *Frage 70: Kann die Zustimmung verweigert werden, wenn die Auswahl gegen das Allgemeine Gleichbehandlungsgesetz (AGG) verstößt?*).

30. Was gehört zu den Bewerbungsunterlagen?

Zu den Bewerbungsunterlagen gehören das **Bewerbungsschreiben,** das Ergebnis von Auswahlprüfungen, eingereichte Zeugnisse und Teilnahmebestätigungen, der Lebenslauf, das Lichtbild. Zusätzlich hat der Arbeitgeber **Unterlagen, die er**

anlässlich der Bewerbung erstellt hat und die er für seine Auswahlentscheidung berücksichtigt, vorzulegen. Dazu können Personalfragebögen, Informationen aus Vorstellungsgesprächen, Interviews, Testergebnisse, Einstellungsprüfungen und Auskünfte Dritter gehören (BAG 14.4.2015 – 1 ABR 58/13; Fitting BetrVG § 99 Rn. 167).

31. Wer zählt zu den Bewerbern?

„Bewerber" ist derjenige Arbeitnehmer, der sein Interesse für einen konkreten Arbeitsplatz bekundet. Dies gilt unabhängig davon, wie er auf den Arbeitsplatz aufmerksam gemacht wurde. Schreibt ein Arbeitgeber mehrere Arbeitsplätze aus, muss ein Arbeitnehmer deutlich machen, wenn er sich um mehrere Arbeitsplätze bewirbt. Er wird nicht automatisch dadurch zum **Bewerber um einen Arbeitsplatz,** weil er sich für einen konkreten Arbeitsplatz bewirbt, aber auch für andere geeignet wäre. Im Rahmen des § 99 Abs. 1 BetrVG setzt die Eigenschaft als Bewerber voraus, dass ein Anbahnungsverhältnis zum Arbeitgeber für einen **konkreten Arbeitsplatz** besteht. Unerheblich ist, ob der Bewerber für den Arbeitsplatz geeignet ist. Auch derjenige, der sich auf eine Stelle bewirbt, deren Anforderungsprofil oder Qualifikationsvoraussetzungen er nicht erfüllt bzw. der offensichtlich für die Stelle ungeeignet ist, bringt sein Interesse an dem ausgeschriebenen Arbeitsplatz zum Ausdruck. Zu den Bewerbern zählt nicht mehr, wer seine Bewerbung zurückgezogen hat. Dies gilt auch für ehemalige Bewerber, die noch im Bewerbungsmanagementsystem des Arbeitgebers gespeichert sind (BAG 21.10.2014 – 1 ABR 10/13; BAG 1.6.2011 – 7 ABR 117/09; BAG 10.11.1992 – 1 ABR 21/92; LAG Köln 15.5.2020 – 9 TaBV 32/19; Fitting BetrVG § 99 Rn. 168).

32. Hat der Betriebsrat Anspruch auf Informationen aus einem elektronischen Bewerbungsmanagementsystem?

Nutzt der Arbeitgeber ein elektronisches Bewerbungsmanagementsystem, so hat der Betriebsrat Anspruch auf die dort enthaltenen Informationen und nicht nur auf die darin hinterlegten Dokumente. Ein solches **papierverhaftetes Verständnis** des Begriffs „Unterlage" wäre angesichts der Entwicklung von elektronischen Systemen zur Personalgewinnung zu eng. Denn ein Bewerbermanagementsystem ist mehr als eine Sammlung von Schriftstücken in Dateiform. Es eröffnet **Funktionalitäten zur Bewerberauswahl,** die über die bloße Einsicht in die gespeicherten Dokumente hinausgehen und für die Auswahlentscheidung des Arbeitgebers von Bedeutung sind. Daher würde es dem Informationsanspruch des Betriebsrats nicht ausreichend Rechnung tragen, würde man den Arbeitgeber lediglich dazu verpflichten, die in seinen Datenverarbeitungsanlagen vorhandenen Dateien ausgedruckt zur Verfügung stellen, ohne dem Betriebsrat zugleich eine Dokumentation der genutzten Funktionalitäten zu überlassen. Am ehesten bietet sich zur Unterrichtung des Betriebsrats die **Einräumung eines Lesezugriffs** an. Nur so kann der Betriebsrat auch die im System angelegten Bewertungen und die hinterlegten Kommentare sehen, welche die Auswahlentscheidung beeinflussen können und zuweilen erst plausibel machen (LAG Köln 15.5.2020 – 9 TaBV 32/19).

33. Müssen Bewerbungsunterlagen vorgelegt werden, wenn die Auswahl des Bewerbers über ein Personalberatungsunternehmen erfolgt?

Der Arbeitgeber muss die Unterlagen aller Bewerber vorlegen, aus denen er eine Auswahl getroffen hat. Bereitet ein **Personalberatungsunternehmen** das Verfahren vor und wird es mit einer **Vorauswahl** der Bewerber beauftragt, ist der Betriebsrat über die dem Arbeitgeber genannten Kandidaten zu informieren. Wird das Personalberatungsunternehmen beauftragt, nur einen Kandidaten vorzuschlagen, so müssen dem Betriebsrat auch nur dessen **Bewerbungsunterlagen** vorgelegt werden. Lehnt der Arbeitgeber diesen Bewerber ab und bittet das Personalberatungsunternehmen um einen weiteren Vorschlag, so muss der Arbeitgeber nun die Bewerbungsunterlagen beider Kandidaten vorlegen, auch wenn er den ersten für ungeeignet hält (BAG 18.12.1990 – 1 ABR 15/90; Fitting BetrVG § 99 Rn. 169) (→ *Frage 29: Muss* *der Arbeitgeber die Bewerbungsunterlagen aller Bewerber dem Betriebsrat vorlegen?*).

34. Muss der Arbeitsvertrag des Bewerbers vorgelegt werden?

Der Arbeitgeber ist nicht verpflichtet, dem Betriebsrat den **Arbeitsvertrag** vorzulegen. Schließlich ist das Mitbestimmungsrecht gem. § 99 BetrVG kein Instrument der umfassenden Vertragskontrolle (BAG 27.10.2010 – 7 ABR 86/09). Der Betriebsrat benötigt den Arbeitsvertrag nicht, um eine Prüfung der Zustimmungsverweigerungsgründe vorzunehmen, denn aus dem Arbeitsvertrag selbst kann sich kein Zustimmungsverweigerungsgrund ergeben (Fitting BetrVG § 99 Rn. 162a) (→ *Frage 63: Kann die Zustimmung verweigert werden, wenn einzelne Vertragsinhalte gesetzeswidrig sind?* f.). In der Praxis wird der Arbeitsvertrag dem Betriebsrat allerdings häufig vorgelegt. Im Übrigen kann der Betriebsrat ggf. – unabhängig von einer Einstellung gem. § 99 BetrVG – einen **Auskunftsanspruch gem. § 80 Abs. 2 BetrVG** bezüglich der vom Arbeitgeber ausgegebenen Arbeitsverträge haben.

35. Muss der Arbeitgeber dem Betriebsrat bei einer befristeten Einstellung den Befristungsgrund mitteilen?

Der Arbeitgeber ist zunächst einmal verpflichtet, dem Betriebsrat mitzuteilen, wie lange ein Arbeitsplatz besetzt werden soll (BAG 1.6.2011 – 7 ABR 18/10). Dies bedeutet, dass er dem Betriebsrat zumindest mitteilen muss, ob eine **Einstellung nur befristet** erfolgt. Er muss allerdings nicht mitteilen, ob die **Befristung mit oder ohne Sachgrund** sowie ggf. mit welchem Sachgrund erfolgen soll. Der Betriebsrat könnte nämlich anhand dieser Information keinen Zustimmungsverweigerungsgrund geltend machen (BAG 27.10.2010 – 7 ABR 86/09; Fitting BetrVG § 99 Rn. 162a) (→ *Frage 69: Kann die Zustimmung verweigert werden, wenn die vertraglich vorgesehene Befristung eines Arbeitsverhältnisses unwirksam ist (zB ohne Sachgrund erfolgt)?*).

36. Welche Informationen gehören zur Unterrichtung des Arbeitgebers über den Arbeitsplatz?

Beim Arbeitsplatz geht es nicht allein um den Ort der Arbeitsleistung. Zum Arbeitsplatz gehören ebenso die **Arbeitsinhalte, Vorgesetzten** und **Gruppenstruktur** sowie die zukünftige Aufgabe und Verantwortung des Arbeitnehmers sowie die Art seiner Tätigkeit und seine **Einordnung in den Arbeitsablauf** (BAG 27.6.2006 – 1 ABR 35/05; Fitting BetrVG § 99 Rn. 180).

37. Muss der Arbeitgeber die vorgesehene Eingruppierung mitteilen?

Gem. § 99 Abs. 1 S. 2 BetrVG ist bei Einstellungen insbesondere die **vorgesehene Eingruppierung** mitzuteilen. Dabei ist allerdings zu berücksichtigen, dass die Eingruppierung für sich genommen eine weitere mitbestimmungspflichtige Einzelmaßnahme gem. § 99 Abs. 1 BetrVG darstellt. Insoweit treffen den Arbeitgeber im Hinblick auf die Eingruppierung ggf. weitere Unterrichtungspflichten, damit der Betriebsrat die Eingruppierungsentscheidung des Arbeitgebers nachvollziehen kann.

38. Muss der Arbeitgeber nur solche Informationen mitteilen, die ihm schriftlich vorliegen?

Der Betriebsrat muss vom Arbeitgeber über die Informationen unterrichtet werden, die der Arbeitgeber zur **Grundlage seiner Auswahlentscheidung** gemacht hat. Dazu gehören die Bewerbungsunterlagen. Hat das Bewerbungsverfahren auf Basis von mündlichen oder telefonischen Gesprächen stattgefunden, muss der Arbeitgeber dem Betriebsrat ebenso die wesentlichen Informationen übermitteln, die er zur Grundlage seiner Auswahlentscheidung gemacht hat (BAG 14.12.2004 – 1 ABR 55/03; Fitting BetrVG § 99 Rn. 175).

39. Welche Informationen muss der Arbeitgeber bei der Einstellung von Leiharbeitnehmern vorlegen?

Gem. § 14 Abs. 3 AÜG hat der Arbeitgeber des Entleiherbetriebs den Betriebsrat vor der Übernahme eines **Leiharbeitnehmers** nach § 99 BetrVG zu beteiligen. Insoweit treffen den Arbeitgeber auch die Informationspflichten, die bei einer sonstigen Einstellung bestehen. Er muss insbesondere Auskunft zur Qualifikation, zum Einstellungstermin und zur Einsatzdauer, zum vorgesehenen Arbeitsplatz und zu den Auswirkungen der Einstellung auf die Stammbelegschaft geben. Keine Auskunft muss der Arbeitgeber zu den **Arbeitsvertragsbedingungen** (zB Entgelthöhe) der Leiharbeitnehmer mit ihrem Arbeitgeber (Verleiher) geben (BAG 1.6.2011 – 7 ABR 117/09). Er muss allerdings dem Betriebsrat vor der Einstellung eines Leiharbeitnehmers dessen **Namen** mitteilen. Weiß er diesen nicht, so muss er ihn ggf. beim Verleiher erfragen (BAG 9.3.2011 – 7 ABR 137/09). Darüber hinaus hat der Arbeitgeber (Entleiher) gem. § 14 Abs. 3 S. 2 AÜG dem Betriebsrat bei dessen Beteiligung nach § 99 BetrVG die schriftliche Erklärung des Verleihers nach § 12 Abs. 1 S. 2 AÜG, also die Erklärung, ob der Verleiher die **Erlaubnis nach § 1 AÜG** besitzt, vorzulegen. Er ist ferner verpflichtet, Mitteilungen des Verleihers nach § 12 Abs. 2 AÜG unverzüglich dem Betriebsrat bekanntzugeben. Schließlich ist vom Arbeitgeber der **Arbeitnehmerüberlassungsvertrag** vorzulegen (vgl. BAG 1.6.2011 – 7 ABR 117/09; BAG 1.6.2011 – 7 ABR 18/10; Fitting BetrVG § 99 Rn. 178 ff.) (→ *Frage 67: Kann die Zustimmung verweigert werden, wenn die Überlassung eines Leiharbeitnehmers an den Entleiher nicht nur vorübergehend erfolgt?*).

40. Besteht ein Teilnahmerecht an Vorstellungsgesprächen?

Ein Anspruch des Betriebsrats auf Teilnahme an den Vorstellungsgesprächen des Arbeitgebers gibt es nicht. Es ist allerdings in vielen Betrieben üblich, dass der Betriebsrat bereits zu diesem Zeitpunkt einbezogen und ihm eine Teilnahme gestattet wird (Fitting BetrVG § 99 Rn. 183). Dies fördert die **Transparenz** der Einstellungsentscheidung und häufig die Zustimmungsbereitschaft des Betriebsrats. Darüber hinaus muss der Arbeitgeber – selbst wenn er eine Teilnahme nicht gestattet – den Betriebsrat über den für seine Entscheidung **bedeutsamen Inhalt der Vorstellungsgespräche** unterrichten (BAG 14.4.2015 – 1 ABR 58/13; BAG 28.6.2005 – 1 ABR 26/04). Einfacher wird es aber sein, wenn er ein Betriebsratsmitglied an den Vorstellungsgesprächen teilnehmen lässt. In diesem Fall muss sich der Betriebsrat die Kenntnisse des Mitglieds aus den Vorstellungsgesprächen im Rahmen der Unterrichtung gem. § 99 Abs. 1 BetrVG zurechnen lassen (LAG SchlH 27.2.2018 – 1 TaBV 25/17).

Praxistipp

Anders als der Betriebsrat hat die Schwerbehindertenvertretung einen Anspruch auf Teilnahme an sämtlichen Bewerbungsgesprächen, wenn sich ein schwerbehinderter Mensch/gleichgestellt behinderter Mensch innerhalb der Bewerbungsfrist bewirbt (HessLAG 17.3.2016 – 9 TaBV 128/15).

41. Muss der Arbeitgeber den Betriebsrat schriftlich unterrichten?

In § 99 Abs. 1 BetrVG ist nicht geregelt, dass der Betriebsrat schriftlich zu unterrichten ist. Bei Einstellungen hat der Arbeitgeber allerdings dem Betriebsrat die **Bewerbungsunterlagen vorzulegen.** Dabei ist der Arbeitgeber verpflichtet, bei einer Einstellung die Bewerbungsunterlagen aller Bewerber auszuhändigen und bis zur Beschlussfassung über den Antrag auf Zustimmung, längstens für eine Woche, dem Betriebsrat zu überlassen (BAG 3.12.1985 – 1 ABR 72/83; Fitting BetrVG § 99 Rn. 181) (→ *Frage 29: Muss der Arbeitgeber die Bewerbungsunterlagen aller Bewerber dem Betriebsrat vorlegen?* ff.). Zumindest diese Unterlagen sind daher **schriftlich oder elektronisch** zur Verfügung zu stellen. Darüber hinausgehende Informationen könnten teilweise mündlich erfolgen. Dies sollte allerdings nur im Ausnahmefall erfolgen. Zur besseren Dokumentation der Informationen ist in der Regel die schriftliche Vorlage geboten.

42. Muss der Arbeitgeber auch Informationen übermitteln, die der Bewerber als geheimhaltungsbedürftig bezeichnet hat?

Der Arbeitgeber ist gegenüber dem Betriebsrat auch dann zur Information verpflichtet, wenn ein Bewerber um die **Vertraulichkeit** von Informationen gebeten hat. Der Bewerber kann nicht die Beteiligungsrechte des Betriebsrats einseitig oder im Zusammenwirken mit dem Arbeitgeber reduzieren. Wer sich um eine Stelle bewirbt, muss die Weiterleitung von Informationen an den Betriebsrat in Kauf nehmen. Im Übrigen ist der Betriebsrat gem. § 99 Abs. 1 S. 3 BetrVG zur Verschwiegenheit verpflichtet (→ *Frage 60: Welche Verschwiegenheitsverpflichtungen bestehen im Rahmen einer Einstellung?*) (Fitting BetrVG § 99 Rn. 182).

43. Wie muss der Arbeitgeber den Betriebsrat zur Zustimmung bei einer Einstellung auffordern?

Für den Antrag des Arbeitgebers auf Zustimmung zu einer Einstellung ist keine besondere Form vorgeschrieben. In der Regel wird der Arbeitgeber aber den Betriebsrat schriftlich und ausdrücklich zur Zustimmung auffordern. Fehlt es an einem ausdrücklichen **Zustimmungsersuchen,** ist es ausreichend, wenn der Betriebsrat der Mitteilung des Arbeitgebers entnehmen kann, dass er um die Zustimmung zu einer Einstellung gebeten wird. Dies gilt auch, wenn der Arbeitgeber die Zustimmung des Betriebsrats zu mehreren Einstellungen einholen will (BAG 10.11.2009 – 1 ABR 64/08). In der Regel muss der Betriebsrat von einem Zustimmungsersuchen ausgehen, wenn er über einer Einstellung unterrichtet wird (Fitting BetrVG § 99 Rn. 186). Die **bloße Gewährung einer Einsichtnahmemöglichkeit** für den Betriebsrat in eine fortlaufend geführte Excel-Tabelle beabsichtigter Neueinstellungen ist für das Zustimmungsersuchen **nicht ausreichend** (ArbG Köln 27.4.2021 – 8 BV 202/20).

44. Wem übergibt der Arbeitgeber die Informationen zu einer Einstellung und Bitte um Zustimmung?

Gem. § 26 Abs. 2 S. 2 BetrVG wird der Betriebsrat von seinem **Vorsitzenden** vertreten. Insoweit muss der Arbeitgeber diesem die Anhörung zu einer Einstellung zukommen lassen. Der Betriebsrat hat allerdings die Möglichkeit, die Wahrnehmung des Mitbestimmungsrechts gem. § 99 BetrVG auf einen Ausschuss zu übertragen. In der Praxis wird dazu häufig ein **Personalausschuss** gem. § 28 BetrVG gebildet. Besteht ein solcher und wurden ihm die Einstellungen gem. § 99 BetrVG zur selbstständigen Erledigung übertragen, so muss der Arbeitgeber dem Vorsitzenden des Ausschusses die Informationen zu einer Einstellung zukommen lassen (Fitting BetrVG § 99 Rn. 166).

Formulierungsmuster

„Der Betriebsrat beauftragt den Personalausschuss zur selbstständigen Wahrnehmung der Mitbestimmungsrechte gem. § 99 BetrVG in Bezug auf Einstellungen."

45. Was muss der Betriebsratsvorsitzende machen, wenn er zu einer Einstellung angehört wurde?

Erhält der Betriebsratsvorsitzende die Anhörung zu einer Einstellung, so muss er zunächst prüfen, wann die Unterlagen bei ihm eingegangen sind. Er sollte sich dann im Kalender notieren, wann die **Frist** zur Zustimmungsverweigerung abläuft (→ *Frage 47: Bis wann muss der Betriebsrat auf eine Anhörung reagieren?*). Anschließend sollte er die Einstellung innerhalb dieser Frist zum Gegenstand einer Betriebsratssitzung machen. Er muss also ggf. zu einer Betriebsratssitzung einladen, wenn innerhalb der Frist keine Sitzung stattfindet. Außerdem muss die Einstellung auf die **Tagesordnung** der Betriebsratssitzung aufgenommen werden. Anschließend sollten der Betriebsratsvorsitzende oder die dafür zuständigen Betriebsratsmitglieder zur Vorbereitung auf die Sitzung bereits die **Vollständigkeit der Informa-**

tionen und Unterlagen sowie mögliche **Zustimmungsverweigerungsgründe** prüfen.

Praxistipp

Aufgrund der geänderten Rechtsprechung des BAG ist es nunmehr einfacher, Einstellungen noch in der Sitzung auf die Tagesordnung zu nehmen, wenn diese erst kurz vor der Betriebsratssitzung beim Betriebsratsvorsitzenden eingereicht werden. Das BAG geht nunmehr davon aus, dass eine mangels Übermittlung der Tagesordnung verfahrensfehlerhafte Ladung zu einer Betriebsratssitzung geheilt werden kann. Voraussetzung dafür ist, dass Mitglieder und Ersatzmitglieder des Betriebsrats im Übrigen ordnungsgemäß geladen wurden. Zusätzlich muss der Betriebsrat beschlussfähig iSd § 33 Abs. 2 BetrVG sein und die Anwesenden müssen einstimmig beschließen, über einen Regelungsgegenstand zu beraten und abzustimmen. Nicht erforderlich ist, dass an dieser Sitzung alle Betriebsratsmitglieder teilnehmen (BAG 15.4.2014 – 1 ABR 2/13 (B)).

46. Wie kann der Betriebsrat auf eine Anhörung reagieren?

Der Betriebsrat hat folgende Möglichkeiten auf eine Anhörung zu einer Einstellung zu reagieren:

- **Zustimmung** (→ *Frage 50: Was muss der Betriebsrat beachten, wenn er seine Zustimmung geben möchte?*)
- **Zustimmungsverweigerung** (→ *Frage 51: Was muss der Betriebsrat beachten, wenn er seine Zustimmung verweigern möchte?* ff.)
- **Nichtreaktion** (→ *Frage 47: Bis wann muss der Betriebsrat auf eine Anhörung reagieren?*; → *Frage 54: Was gilt, wenn der Betriebsrat auf eine Anhörung nicht reagiert?*)
- **Weitere Information anfordern** (→ *Frage 48: Läuft die Wochenfrist auch bei einer unvollständigen Unterrichtung?*).

→ *Muster 1: Ablauf der Mitbestimmung bei einer Einstellung gem. § 99 BetrVG*

→ *Muster 2: Mögliche Beschlüsse zu einer Einstellung gem. § 99 BetrVG*

47. Bis wann muss der Betriebsrat auf eine Anhörung reagieren?

Gem. § 99 Abs. 3 BetrVG kann der Betriebsrat die Zustimmung nur **innerhalb von einer Woche** verweigern. Teilt der Betriebsrat dem Arbeitgeber die Verweigerung seiner Zustimmung nicht innerhalb der Frist schriftlich mit, so gilt die Zustimmung als erteilt (→ *Frage 54: Was gilt, wenn der Betriebsrat auf eine Anhörung nicht reagiert?*). Zudem ist auch ein Nachschieben von Zustimmungsverweigerungsgründen des Betriebsrats nach Ablauf der Wochenfrist im Verfahren nach § 99 Abs 4 BetrVG grundsätzlich unzulässig (→ *Frage 52: Kann der Betriebsrat Zustimmungsverweigerungsgründe nach Ablauf der Wochenfrist nachschieben?*). In Ausnahmefällen soll der Betriebsrat dem Arbeitgeber schneller eine Rückmeldung auf seine Anhörung geben, zB wenn der Arbeitgeber kurzfristig eine Einstellung vornehmen muss. Im Regelfall wird der Arbeitgeber in dieser Situation allerdings eine **vorläufige Einstellung** gem. § 100 BetrVG vornehmen (→ *Frage 83: Was ist eine vorläufige Einstellung?* ff.) (Fitting BetrVG § 99 Rn. 165). Die Betriebsparteien können einvernehmlich die Wochenfrist verlängern. Die Frist kann allerdings nicht gänzlich aufgehoben werden (BAG 23.8.2016 – 1 ABR 22/14).

48. Läuft die Wochenfrist auch bei einer unvollständigen Unterrichtung?

Die Wochenfrist gem. § 99 Abs. 3 BetrVG beginnt erst dann, wenn der Arbeitgeber den Betriebsrat **vollständig unterrichtet** hat (BAG 13.3.2013 – 7 ABR 39/11). Die Unterrichtung muss allerdings nicht nur vollständig sein, sondern auch den Tatsachen entsprechen (BAG 1.6.2011 – 7 ABR 18/10). Darf der Arbeitgeber davon ausgehen, den Betriebsrat vollständig unterrichtet zu haben, muss der Betriebsrat aus seiner Sicht fehlende Informationen innerhalb der Wochenfrist anfordern. Ansonsten gilt die Zustimmung als erteilt. Dies gilt allerdings dann nicht, wenn die Unvollständigkeit der Unterrichtung für den Arbeitgeber **offenkundig** ist (BAG 13.3.2013 – 7 ABR 39/11; Fitting BetrVG § 99 Rn. 268 f.).

Praxistipp

Der Betriebsrat sollte stets die Vollständigkeit der Unterrichtung prüfen. Liegen aus seiner Sicht nicht alle Informationen und Unterlagen vor, hat er einen Beschluss zu fassen, dass der Arbeitgeber zur Vorlage aufgefordert wird. Wichtig ist, dass dem Arbeitgeber dieser Beschluss innerhalb der Wochenfrist mitgeteilt wird. Zur Sicherheit sollte ein solcher Beschluss auch dann gefasst werden, wenn der Arbeitgeber eigentlich wissen muss, dass die Unterrichtung nicht vollständig erfolgt ist.

→ *Muster 2: Mögliche Beschlüsse zu einer Einstellung gem. § 99 BetrVG*

→ *Muster 3: Beispiel für ein Schreiben des Betriebsrats zu einer Einstellung*

49. Läuft die Wochenfrist auch, wenn zeitgleich eine sehr große Anzahl von Anhörungen erfolgt?

Die Wochenfrist gem. § 99 Abs. 3 BetrVG gilt auch dann, wenn der Betriebsrat zu sehr vielen Einstellungen angehört wird und dadurch innerhalb einer Woche eine sehr große Arbeitsbelastung ansteht. Der Betriebsrat muss dann unter Nutzung aller Mitglieder die Unterlagen und Zustimmungsverweigerungsgründe prüfen. Es besteht lediglich die Möglichkeit, gemeinsam mit dem Arbeitgeber eine **Fristverlängerung zu vereinbaren.** Die Zustimmung des Arbeitgebers zu einer solchen Fristverlängerung ist aber freiwillig. Allerdings ist der Arbeitgeber unter Umständen aus dem **Grundsatz der vertrauensvollen Zusammenarbeit** gem. § 2 BetrVG verpflichtet, einer Fristverlängerung zuzustimmen, wenn der Betriebsrat unter Ausnutzung aller zeitlichen Kapazitäten seine Mitbestimmungsrechte gem. § 99 BetrVG sonst nicht hinsichtlich aller Einstellungen wirksam wahrnehmen kann.

50. Was muss der Betriebsrat beachten, wenn er seine Zustimmung geben möchte?

Wenn der Betriebsrat seine Zustimmung zu einer Einstellung geben möchte, teilt er dies dem Arbeitgeber innerhalb der Wochenfrist mit. Dies kann **mündlich oder schriftlich** erfolgen. Zu beachten ist allein, dass der Arbeitgeber auf eine einmal erteilte Zustimmung vertrauen darf. Es ist demnach nicht möglich, dass der Betriebsrat die Zustimmungserklärung später widerruft (Fitting BetrVG § 99 Rn. 272a).

→ *Muster 2: Mögliche Beschlüsse zu einer Einstellung gem. § 99 BetrVG*

51. Was muss der Betriebsrat beachten, wenn er seine Zustimmung verweigern möchte?

Der Betriebsrat muss bei einer Zustimmungsverweigerung erstens die **Wochenfrist** einhalten, zweitens die **Form** einhalten und drittens **Gründe** angeben. Es reicht allerdings nicht aus, dass der Betriebsrat den Wortlaut des § 99 Abs. 2 BetrVG wiederholt bzw. auf einzelne der gesetzlichen Zustimmungsverweigerungsgründe verweist. Vielmehr muss der Betriebsrat dem Arbeitgeber eine Begründung senden, wieso er der Meinung ist, dass eine der in § 99 Abs. 2 BetrVG genannten Zustimmungsverweigerungsgründe erfüllt wird. Dabei muss er bei den Zustimmungsverweigerungsgründen gem. § 99 Abs. 2 Nr. 3 BetrVG und § 99 Abs. 2 Nr. 6 BetrVG **konkrete Tatsachen** und Gründe schildern (BAG 16.3.2010 – 3 AZR 31/09; Fitting BetrVG § 99 Rn. 262).

→ *Muster 2: Mögliche Beschlüsse zu einer Einstellung gem. § 99 BetrVG*

→ *Muster 3: Beispiel für ein Schreiben des Betriebsrats zu einer Einstellung*

52. Kann der Betriebsrat Zustimmungsverweigerungsgründe nach Ablauf der Wochenfrist nachschieben?

Die vom Betriebsrat gewählte Begründung der Zustimmungsverweigerung konkretisiert den Gegenstand des vom Arbeitgeber einzuleitenden gerichtlichen **Zustimmungsersetzungsverfahrens** (→ *Frage 78: Was kann der Arbeitgeber bei einer Zustimmungsverweigerung gerichtlich geltend machen?* ff.). Der Arbeitgeber muss sich nur mit den vom Betriebsrat bezeichneten Verweigerungsgründen auseinandersetzen. Mit Gründen, die er nicht innerhalb der Wochenfrist des § 99 Abs. 3 S. 1 BetrVG schriftlich mitgeteilt hat, ist der Betriebsrat im weiteren Verfahren ausgeschlossen. Ein **Nachschieben** ist grundsätzlich nach Ablauf der Wochenfrist nicht möglich (BAG 23.1.2019 – 4 ABR 56/17; BAG 17.11.2010 – 7 ABR 120/09; Fitting BetrVG § 99 Rn. 260 und 277d). Unabhängig davon kann der Betriebsrat aber bereits vorgebrachte Zustimmungsverweigerungsgründe noch **ergänzen**, zB indem er weitere rechtliche Gesichtspunkte dem Arbeitgeber mitteilt, die er im Verweigerungsschreiben noch nicht erwähnt hat. Von der Mitteilungsfrist ausgenommen sind ferner solche Gründe, die die **Wirksamkeit einer Rechtsnorm** betreffen, auf der die vom Arbeitgeber beabsichtigte Einstellung beruht. Solche Einwände sind unabhängig davon beachtlich, wann sich der Betriebsrat auf sie berufen hat (BAG 6.8.2002 – 1 ABR 49/01; Fitting BetrVG § 99 Rn. 264).

Praxistipp

Der Betriebsrat sollte die Zustimmungsverweigerung so umfangreich wie möglich innerhalb der Wochenfrist gem. § 99 Abs. 3 S. 1 BetrVG begründen. Die Begründung sollte ein Betriebsratsmitglied bereits vor der Betriebsratssitzung im Entwurf vorbereiten, so dass der Betriebsrat diese beschließen kann. Wenn sich der Betriebsrat erst in der Sitzung mit den möglichen Zustimmungsverweigerungsgründen befasst, fehlt ihm möglicherweise die Zeit, um eine umfangreiche Begründung innerhalb der Wochenfrist abzufassen.

53. Welche Form muss die Zustimmungsverweigerung haben?

Gem. § 99 Abs. 3 S. 1 BetrVG muss die Mitteilung schriftlich erfolgen. Für die Erfüllung des Schriftlichkeitsgebots des § 99 Abs. 3 S. 1 BetrVG genügt die Einhaltung der **Textform** des § 126b BGB. Die Zustimmungsverweigerung muss also nicht gem. § 126 BGB vom Betriebsratsvorsitzenden eigenhändig unterschrieben werden (BAG 9.12.2008 – 1 ABR 79/07). Die nach § 126b BGB vorgeschriebene Textform verlangt, dass die Erklärung in einer Urkunde oder auf andere zur dauerhaften Wiedergabe in Schriftzeichen geeignete Weise abgegeben wird, die Person des Erklärenden genannt und der Abschluss der Erklärung durch Nachbildung der **Namensunterschrift** oder anders erkennbar gemacht wird. Es muss aus der Erklärung hervorgehen, dass es sich nicht lediglich um einen **Entwurf** handelt (BAG 1.6.2011 – 7 ABR 138/09; Fitting BetrVG § 99 Rn. 260a). Demnach kann eine Zustimmungsverweigerung auch per **Fax oder E-Mail** erfolgen (BAG 11.6.2002 – 1 ABR 43/01; BAG 10.3.2009 – 1 ABR 93/07; Fitting BetrVG § 99 Rn. 260b).

→ *Muster 3: Beispiel für ein Schreiben des Betriebsrats zu einer Einstellung*

54. Was gilt, wenn der Betriebsrat auf eine Anhörung nicht reagiert?

Teilt der Betriebsrat dem Arbeitgeber die Verweigerung seiner Zustimmung nicht innerhalb der Frist schriftlich mit, so gilt gem. § 99 Abs. 3 S. 2 BetrVG die Zustimmung als erteilt. Insoweit gilt **Schweigen** ausnahmsweise **als Zustimmung** (Fitting BetrVG § 99 Rn. 272a) (→ *Frage 47: Bis wann muss der Betriebsrat auf eine Anhörung reagieren?*). Eine Vereinbarung zwischen Betriebsrat und Arbeitgeber ist unwirksam, wonach die fehlende Zustimmung des Betriebsrats innerhalb einer Woche als Zustimmungsverweigerung gelten soll und dann das Zustimmungsersetzungsverfahren gem. § 99 Abs. 4 BetrVG eingeleitet werden kann (BAG 18.9.2009 – 1 ABR 49/08).

55. Kann der Betriebsrat mit einem Bewerber vor der Beschlussfassung zu einer Einstellung Kontakt aufnehmen?

Im Normalfall wird der Betriebsrat keinen Kontakt zu den Bewerbern aufnehmen, sondern dies dem Arbeitgeber überlassen. Es ist aber nicht ausgeschlossen, dass der Betriebsrat vor seiner Entscheidung über die Zustimmung **Kontakt zu einem Bewerber** aufnimmt. Dies kann beispielsweise dann erfolgen, wenn der Betriebsrat Tatsachen für eine Zustimmungsverweigerung überprüfen möchte, bevor er diese gegenüber dem Arbeitgeber vorbringt. Zu beachten ist allerdings in diesem Zusammenhang, dass der Betriebsrat seine Verschwiegenheitsverpflichtungen über die persönlichen Verhältnisse der anderen Bewerber (→ *Frage 60: Welche Verschwiegenheitsverpflichtungen bestehen im Rahmen einer Einstellung?*) und seine sonstigen **Geheimhaltungsverpflichtungen** gem. § 79 BetrVG nicht verletzen darf. Insoweit sollte ein Betriebsrat nur in Ausnahmefällen von seinem Recht Gebrauch machen, Kontakt zu einem Bewerber aufzunehmen.

56. Wie wird über eine Zustimmungsverweigerung Beschluss gefasst?

Im Idealfall hat der Betriebsrat bereits zur Betriebsratssitzung eine **Zustimmungsverweigerung vorformuliert**, die er zur Grundlage seines Beschlusses machen kann. Dies wird allerdings regelmäßig nur dann erfolgen, wenn ein Betriebsratsmitglied bzw. der Vorsitzende diese vorbereitet. Ist dies nicht geschehen, sollte der Betriebsrat darüber beschließen, dass er die Zustimmung verweigert und die Gründe für die Zustimmungsverweigerung **stichwortartig** im Beschluss nennen. Der Betriebsratsvorsitzende kann dann im Anschluss an die Sitzung die Begründung auf Basis des Beschlusses ausformulieren und an den Arbeitgeber weiterleiten. Schließlich kann es auch ausreichen, wenn der Betriebsrat **nach entsprechender Erörterung** der Gründe in der Betriebsratssitzung beschließt, dass er die Zustimmung verweigern möchte und für den Betriebsratsvorsitzenden erkennbar ist, welche **Gründe für die Mehrheit der Mitglieder ausschlaggebend** waren. Er hat dann diese Gründe dem Arbeitgeber mitzuteilen (BAG 30.9.2014 – 1 ABR 32/13; Fitting BetrVG § 99 Rn. 272).

57. Ist ein Betriebsratsmitglied verhindert, wenn über seine Einstellung entschieden wird?

Ein Betriebsratsmitglied ist grundsätzlich von seiner Betriebsratstätigkeit ausgeschlossen bei Maßnahmen und Regelungen, die es **individuell und unmittelbar betreffen** (BAG 6.11.2013 – 7 ABR 84/11). Man spricht dann von einer rechtlichen Verhinderung. Es darf dann weder an der Beschlussfassung noch an der Beratung zu diesem Tagesordnungspunkt teilnehmen (BAG 10.11.2009 – 1 ABR 64/08). Eine solche **rechtliche Verhinderung** liegt dann vor, wenn im Betriebsrat über die Einstellung eines Betriebsratsmitglieds entschieden werden soll. Dies kann zumindest dann passieren, wenn ein befristet beschäftigtes Betriebsratsmitglied erneut beschäftigt werden soll (→ *Frage 14: Liegt eine Einstellung vor, wenn auf ein befristetes ein unbefristetes Arbeitsverhältnis folgt?*). Keine rechtliche Verhinderung liegt allerdings dann vor, wenn ein Betriebsratsmitglied sich um eine Stelle selbst beworben hat und der Arbeitgeber den Betriebsrat zur Einstellung eines anderen Bewerbers anhört (BAG 24.4.2013 – 7 ABR 82/11; Fitting BetrVG § 99 Rn. 273, 273a).

58. Muss der Betriebsrat immer selbst Beschluss über eine Zustimmungsverweigerung fassen?

Nur der zuständige Betriebsrat selbst hat das Recht, die Zustimmung zu einer Einstellung zu verweigern. Insoweit muss er auch über die Zustimmungsverweigerung beschließen. Allerdings besteht die Möglichkeit, diese Aufgabe auf einen **Ausschuss** zur selbstständigen Erledigung zu übertragen. Dann kann dieser über die Zustimmungsverweigerung beschließen (Fitting BetrVG § 99 Rn. 274) (→ *Frage 44: Wem übergibt der Arbeitgeber die Informationen zu einer Einstellung und Bitte um Zustimmung?*).

59. Was macht der Arbeitgeber bei einer Zustimmungsverweigerung?

In der Regel wird der Arbeitgeber zunächst das Gespräch mit dem Betriebsrat suchen und versuchen, diesen zu einer Zustimmung zu bewegen. Ist dies nicht erfolgreich, hat der Arbeitgeber verschiedene Möglichkeiten. Er kann auf die Zustimmungsverweigerung reagieren, indem er die **Einstellung unterlässt.** Er kann im Übrigen das Zustimmungsverfahren zunächst **beenden** und anschließend noch einmal **wiederholen** (BAG 16.1.2007 – 1 ABR 16/06; Fitting BetrVG § 99 Rn. 186). Ferner kann er die **Zustimmung gerichtlich einholen** (→ *Frage 78: Was kann der Arbeitgeber bei einer Zustimmungsverweigerung gerichtlich geltend machen?* ff.). Schließlich kann er ggf. auch eine vorläufige Einstellung vornehmen (→ *Frage 83: Was ist eine vorläufige Einstellung?* ff.).

→ *Muster 1: Ablauf der Mitbestimmung bei einer Einstellung gem. § 99 BetrVG*

60. Welche Verschwiegenheitsverpflichtungen bestehen im Rahmen einer Einstellung?

Die Mitglieder des Betriebsrats sind verpflichtet, über die ihnen im Rahmen der Einstellung bekanntgewordenen **persönlichen Verhältnisse und Angelegenheiten** der Arbeitnehmer, die ihrer Bedeutung oder ihrem Inhalt nach einer vertraulichen Behandlung bedürfen, **Stillschweigen** zu bewahren. Dabei gilt § 79 Abs. 1 S. 2–4 BetrVG entsprechend. Vor diesem Hintergrund ist es unzulässig, einem Dritten Einsicht in die Bewerbungsunterlagen zu geben oder auf einer Betriebsversammlung aus dem Bewerbungsschreiben eines Arbeitnehmers zu zitieren. Beides kann einen **Ausschluss** aus dem Betriebsrat gem. § 23 Abs. 1 BetrVG rechtfertigen (LAG Düsseldorf 9.1.2013 – 12 TaBV 93/12; Fitting BetrVG § 99 Rn. 185).

IV. Zustimmungsverweigerungsgründe

Das BetrVG differenziert hinsichtlich des in § 99 Abs. 2 BetrVG enthaltenen Katalogs von Zustimmungsverweigerungsgründen nicht nach der Art der geplanten personellen Einzelmaßnahme (Einstellung, Versetzung, Ein- und Umgruppierung). Bei Einstellungen kommt den dort genannten sechs Zustimmungsverweigerungsgründen eine unterschiedliche Relevanz zu. Dies soll anhand der folgenden Fragen und Antworten dargestellt werden.

61. Was ist bei der Verweigerung der Zustimmung zu beachten?

Der Betriebsrat kann die Zustimmungsverweigerung zu einer personellen Einzelmaßnahme, zB zu einer Einstellung, nur auf einen der in § 99 Abs. 2 BetrVG **abschließend aufgezählten** Gründe stützen. Die Zustimmungsverweigerung hat der Betriebsrat dem Arbeitgeber gem. § 99 Abs. 3 BetrVG innerhalb einer Woche schriftlich mitzuteilen (→ *Frage 47: Bis wann muss der Betriebsrat auf eine Anhörung reagieren?*).

62. Wann kann der Betriebsrat gem. § 99 Abs. 2 Nr. 1 BetrVG seine Zustimmung verweigern?

Der Betriebsrat kann die Zustimmung verweigern, wenn die geplante Einstellung gegen ein Gesetz, eine Verordnung, eine Unfallverhütungsvorschrift oder gegen eine Bestimmung in einem Tarifvertrag oder in einer Betriebsvereinbarung oder gegen eine gerichtliche Entscheidung oder eine behördliche Anordnung verstoßen würde. Die Einstellung muss also gegen sog „**zwingendes Recht**“ verstoßen. Bei tarifvertraglichen Normen ist erforderlich, dass diese für den betroffenen Arbeitnehmer auch gelten.

63. Kann die Zustimmung verweigert werden, wenn einzelne Vertragsinhalte gesetzeswidrig sind?

Voraussetzung für eine Zustimmungsverweigerung gem. § 99 Abs. 2 Nr. 1 BetrVG aufgrund eines **Gesetzesverstoßes** ist, dass die Einstellung als solche und nicht bloß einzelne Vertragsinhalte rechtswidrig sind (BAG 27.10.2010 – 7 ABR 86/09). Das Mitbestimmungsrecht des Betriebsrats dient nicht einer umfassenden Vertragskontrolle und verfolgt nicht die Intention, normgemäße Vertragsbedingungen zu erzwingen (→ *Frage 34: Muss der Arbeitsvertrag des Bewerbers vorgelegt werden?*). Daher kann die Verletzung des Equal-Pay-Grundsatzes nach dem AÜG kein Zustimmungsverweigerungsrecht des Betriebsrats begründen (BAG 25.1.2005 – 1 ABR 61/03). Von einer Gesetzesverletzung, die zu einem Zustimmungsverweigerungsrecht führt, ist dagegen dann auszugehen, wenn die Einstellung als solche nach dem Zweck der Norm untersagt ist. Beispielsweise untersagt Art. 9 Abs. 3 S. 2 Grundgesetz (GG) eine unterschiedliche Behandlung aufgrund der **Gewerkschaftszugehörigkeit.** Das etwaige Interesse des Arbeitgebers, die Tarifbindung durch Einstellung nicht in der Gewerkschaft organisierter Arbeitnehmer zu umgehen, ist nicht schutzwürdig. Der Arbeitgeber darf Bewerber bei einer Einstellung nicht nach Zugehörigkeit oder Nichtzugehörigkeit zu einer Gewerkschaft trennen (BAG 28.3.2000 – 1 ABR 16/99).

64. Kann die Zustimmung verweigert werden, wenn eine untertarifliche Bezahlung vorgesehen ist?

Nein, der Betriebsrat kann einer **Einstellung** nicht allein deshalb die Zustimmung verweigern, weil eine **untertarifliche Bezahlung** vorgesehen ist. In dieser Situation verstößt die Einstellung selbst noch nicht gegen den Tarifvertrag. Lediglich die Vergütung ist ggf. tarifwidrig. Es ist allerdings im Rahmen des § 99 Abs. 1 Nr. 1 BetrVG bei der Einstellung nicht Aufgabe des Betriebsrats, die Einhaltung von Arbeitsvertragsbedingungen zu kontrollieren (BAG 28.3.2000 – 1 ABR 16/99) (→ *Frage 34: Muss der Arbeitsvertrag des Bewerbers vorgelegt werden?*; → *Frage 63: Kann die Zustimmung verweigert werden, wenn einzelne Vertragsinhalte gesetzeswidrig sind?*). Dieses Recht kann der Betriebsrat allerdings nach der erfolgten Einstellung gem. § 80 Abs. 1 Nr. 1 BetrVG verfolgen. Im Übrigen kann der Betriebsrat der **Eingruppierung** gem. § 99 Abs. 1 Nr. 1 BetrVG ggf. die Zustimmung verweigern.

65. Kann die Zustimmung verweigert werden, wenn gegen eine Betriebsvereinbarung verstoßen wird?

Bei einem Verstoß gegen eine **Betriebsvereinbarung** kommt eine Zustimmungsverweigerung des Betriebsrats unter ähnlichen Voraussetzungen wie bei einem Verstoß gegen einen Tarifvertrag in Betracht (BAG 10.3.1992 – 1 ABR 67/91). In der Betriebsvereinbarung muss die Einstellung selbst untersagt sein (zB Ausschluss von Neu-Einstellungen in bestimmter Abteilung zwecks Erhalt von Arbeitsplätzen der bereits beschäftigten Arbeitnehmer aus anderen Abteilungen). Wurde eine **Auswahlrichtlinie** in Form einer Betriebsvereinbarung abgeschlossen, kommt eine Zustimmungsverweigerung zusätzlich nach § 99 Abs. 2 Nr. 2 BetrVG in Frage.

66. Kann die Zustimmung verweigert werden, wenn gegen eine Regelungsabrede verstoßen wird?

Eine Regelungsabrede ist eine **formlose schuldrechtliche Vereinbarung** zwischen Arbeitgeber und Betriebsrat. Im Unterschied zur Betriebsvereinbarung hat die Regelungsabrede **keine unmittelbare und zwingende Wirkung**, dh sie wirkt nicht unmittelbar im Verhältnis zwischen Arbeitnehmer und Arbeitgeber. Der Betriebsrat kann seine Zustimmung nicht gem. § 99 Abs. 2 Nr. 1 BetrVG verweigern, wenn der Arbeitgeber gegen eine Regelungsabrede verstößt. In § 99 Abs. 2 Nr. 1 BetrVG sind Regelungsabreden nicht genannt (LAG München 27.10.2017 – 7 TaBV 51/17). Ist eine Auswahlrichtlinie in einer Regelungsabrede vereinbart, kann der Betriebsrat bei einem Verstoß seine Zustimmung gem. § 99 Abs. 2 Nr. 2 BetrVG verweigern (→ *Frage 71: Kann die Zustimmung verweigert werden, wenn ein Verstoß gegen eine Auswahlrichtlinie vorliegt?*).

67. Kann die Zustimmung verweigert werden, wenn die Überlassung eines Leiharbeitnehmers an den Entleiher nicht nur vorübergehend erfolgt?

Der Betriebsrat kann gem. § 99 Abs. 2 Nr. 1 BetrVG die Zustimmung zur Einstellung eines Leiharbeitnehmers verweigern, wenn die Überlassung nicht nur vorübergehend erfolgen soll. Mittels seines Zustimmungsverweigerungsrechtes kann der Betriebsrat die gesetzliche Vorgabe des § 1 Abs. 1 S. 2 AÜG durchsetzen, eine **dauerhafte Aufteilung** der Beschäftigten in eine Stammbelegschaft und eine entliehene Belegschaft zu **verhindern** (BAG 10.7.2013 – 7 ABR 91/11). Von einem Zustimmungsverweigerungsrecht des Betriebsrats ist stets dann auszugehen, wenn ein Dauerbeschäftigungsbedarf – gleich aus welchem Grund – durch Arbeitnehmerüberlassung abgedeckt wird. Dies gilt auch dann, wenn der Arbeitgeber auf einem **Dauerarbeitsplatz** zeitlich hintereinander jeweils andere Leiharbeitnehmer einsetzt (LAG SchlH 6.7.2016 – 3 TaBV 9/16). Um in diesem Zusammenhang einem etwaigen Missbrauch durch den Arbeitgeber entgegenzuwirken, gilt ab dem 1.4.2017 eine **Überlassungshöchstdauer** von 18 Monaten gem. § 1 Abs. 1b S. 1 AÜG. Unter bestimmten Voraussetzungen kann von dieser Überlassungshöchstdauer gem. § 1 Abs. 1b S. 2 ff. AÜG durch Tarifvertrag oder Betriebsvereinbarung abgewichen werden. Neben § 99 Abs. 2 Nr. 1 BetrVG kommt zusätzlich § 99 Abs. 2 Nr. 3 BetrVG als Zustimmungsverweigerungsgrund in Betracht. Dies gilt jedenfalls dann, wenn eine Verdrängung der Stammbelegschaft zu befürchten ist (Fitting BetrVG § 99 Rn. 220a).

68. Kann die Zustimmung verweigert werden, wenn der Arbeitgeber gegen die Prüfungspflicht gem. § 164 Abs. 1 S. 1 SGB IX verstoßen hat?

Die Einstellung eines nicht schwerbehinderten Arbeitnehmers **verstößt** gegen eine gesetzliche Vorschrift iSv § 99 Abs. 2 Nr. 1 BetrVG, wenn der Arbeitgeber vor der Einstellung nicht gem. § 164 Abs. 1 S. 1 SGB IX geprüft hat, ob der freie Arbeitsplatz mit einem **schwerbehinderten Arbeitnehmer** besetzt werden kann (BAG 17.6.2008 – 1 ABR 20/07). Gleiches gilt, wenn der Arbeitgeber den Arbeitplatz mit einem Leiharbeitnehmer besetzen will (BAG 23.6.2010 – 7 ABR 3/09). Die Prüfungspflicht gilt in der Regel auch dann, wenn der Arbeitgeber sich für eine interne Stellenbesetzung entschieden hat (LAG Hamm 23.1.2015 – 13 TaBV 44/14; aA LAG Köln 8.2.2010 – 5 TaBV 73/09).

69. Kann die Zustimmung verweigert werden, wenn die vertraglich vorgesehene Befristung eines Arbeitsverhältnisses unwirksam ist (zB ohne Sachgrund erfolgt)?

Nein, der Betriebsrat kann bei einer unwirksamen Befristung nicht die Zustimmung verweigern. Bei einer Einstellung aufgrund einer vertraglich vorgesehenen Befristung eines Arbeitsverhältnisses, die gem. § 14 TzBfG unzulässig ist, liegt **kein Gesetzesverstoß** iSv § 99 Abs. 2 Nr. 1 BetrVG vor. Dem Betriebsrat steht keine Vertragsinhaltskontrolle des Arbeitsvertrags hinsichtlich seiner wesentlichen Bestimmungen zu (BAG 27.10.2010 – 7 ABR 86/09). Ggf. ist die spätere Beendigung des Arbeitsverhältnisses rechtswidrig, nicht aber die Einstellung (→ *Frage 35: Muss der Arbeitgeber dem Betriebsrat bei einer befristeten Einstellung den Befristungsgrund mitteilen?*; → *Frage 63: Kann die Zustimmung verweigert werden, wenn einzelne Vertragsinhalte gesetzeswidrig sind?*).

70. Kann die Zustimmung verweigert werden, wenn die Auswahl gegen das Allgemeine Gleichbehandlungsgesetz (AGG) verstößt?

Verstöße gegen die **Diskriminierungsverbote** des Allgemeinen Gleichbehandlungsgesetzes (AGG) begründen ein **Zustimmungsverweigerungsrecht** des Betriebsrats gem. § 99 Abs. 2 Nr. 1 BetrVG. Danach sind Benachteiligungen aus Gründen der Rasse oder wegen der ethischen Herkunft, des Geschlechts, der Religion oder Weltanschauung, einer Behinderung, des Alters oder der sexuellen Identität unzulässig. Diese Verbote gelten für Arbeitsbedingungen einschließlich des Arbeitsentgelts, Auswahlkriterien, Einstellungsbedingungen, individual- und kollektivrechtliche Vereinbarungen und Maßnahmen bei Durchführung und Beendigung des Arbeitsverhältnisses sowie beim beruflichen Aufstieg und für alle Ebenen der betrieblichen Berufsausbildung einschließlich der beruflichen Weiter- und Fortbildung (Fitting BetrVG § 99 Rn. 198).

71. Kann die Zustimmung verweigert werden, wenn ein Verstoß gegen eine Auswahlrichtlinie vorliegt?

Auswahlrichtlinien sind in § 95 BetrVG geregelt. Sie sind abstrakt-generelle Grundsätze, die die für die Einstellungsentscheidung relevanten fachlichen, persönlichen und sozialen Gesichtspunkte gewichten. Hierdurch wird der **Ermessensspielraum** des Arbeitgebers eingeschränkt, darf aber nicht völlig beseitigt werden (BAG 10.2.2002 – 1 ABR 27/01). Verstößt die geplante Einstellung gegen eine zwischen den Betriebsparteien vereinbarte Auswahlrichtlinie iSv § 95 BetrVG, steht dem Betriebsrat ein Zustimmungsverweigerungsrecht gem. § 99 Abs. 2 Nr. 2 BetrVG zu. Das Zustimmungsverweigerungsrecht ist die **Sanktion** für den Fall, dass der Arbeitgeber sich bei einer Einstellung nicht an aufgestellte Auswahlrichtlinien hält. Nicht entscheidend ist dabei, ob es sich um freiwillige Auswahlrichtlinien nach § 95 Abs. 1 BetrVG oder um erzwingbare Auswahlrichtlinien nach § 95 Abs. 2 BetrVG handelt. Unerheblich ist auch, ob die Auswahlrichtlinie als **Betriebsvereinbarung oder Regelungsabrede** vereinbart wurde (Fitting BetrVG § 99 Rn. 219). Eine lediglich **vom Arbeitgeber einseitig angewandte Auswahlrichtlinie** ist für eine Zustimmungsverweigerung **nicht ausreichend** (HessLAG 16.10.1984 – 4 TaBV 98/83).

72. Wann kann gem. § 99 Abs. 2 Nr. 3 BetrVG die Zustimmung verweigert werden?

Dieser **Zustimmungsverweigerungsgrund** liegt vor, wenn zu befürchten ist, dass als Folge der Einstellung einem anderen Arbeitnehmer gekündigt wird oder dieser einen sonstigen Nachteil erleidet. Zu den sonstigen Nachteilen gehört ua die Versagung von Rechtsansprüchen (zB auf berufliche Entwicklung oder Anspruch auf Verlängerung der Arbeitszeit bei einem Teilzeitbeschäftigten gem. § 9 TzBfG) in Folge einer Einstellung (BAG 1.6.2011 – 7 ABR 117/09; Fitting BetrVG § 99 Rn. 224, 229). Aber auch tatsächliche, nicht unerhebliche Erschwerungen der Arbeit können einen Nachteil darstellen (LAG Köln 11.5.2016 – 11 TaBV 46/15; Fitting BetrVG § 99 Rn. 228). Voraussetzung für die Zustimmungsverweigerung ist allerdings, dass weder **betriebliche noch persönliche Gründe** vom Arbeitgeber als Rechtfertigung herangezogen werden können. Grundsätzlich dient das Zustimmungsverweigerungsrecht dem **Arbeitsplatzschutz** und ergänzt den Kündigungsschutz (BAG 30.8.1995 – 1 ABR 11/95).

73. Kann die Zustimmung verweigert werden, wenn ein befristet beschäftigter Arbeitnehmer bei einer Einstellung nicht berücksichtigt wird?

Ja, seit der Reform des BetrVG im Jahr 2001 gilt bei einer **unbefristeten Einstellung** auch die Nichtberücksichtigung eines gleich geeigneten **befristet Beschäftigten** als Nachteil. Daher kann der Betriebsrat in diesem Fall die Zustimmung gem. § 99 Abs. 2 Nr. 3 BetrVG verweigern.

74. Ist § 99 Abs. 2 Nr. 4 BetrVG auch bei Einstellungen relevant?

Der Zustimmungsverweigerungsgrund gem. § 99 Abs. 2 Nr. 4 BetrVG dient allein der Wahrung der Interessen des von der personellen Maßnahme unmittelbar **betroffenen Arbeitnehmers**. Dieser erlangt durch die Einstellung selbst nur einen **Vorteil,** wird also nicht benachteiligt. Wirkt sich die Einstellung auf andere im Betrieb beschäftigte Arbeitnehmer aus, kann insoweit § 99 Abs. 2 Nr. 3 BetrVG greifen (BAG 6.10.1978 – 1 ABR 51/77). Über § 99 Abs. 2 Nr. 4 BetrVG erfolgt keine allgemeine Inhaltskontrolle der arbeitsvertraglichen Bedingungen (→ *Frage 34: Muss der Arbeitsvertrag des Bewerbers vorgelegt werden?*; → *Frage 63: Kann die Zustimmung verweigert werden, wenn einzelne Vertragsinhalte gesetzeswidrig sind?*).

75. Wann erlangt eine Zustimmungsverweigerung gem. § 99 Abs. 2 Nr. 5 BetrVG praktische Bedeutung?

Praktische Relevanz erlangt die Zustimmungsverweigerung des Betriebsrats gem. § 99 Abs. 2 Nr. 5 BetrVG, wenn vor einer vom Arbeitgeber geplanten Einstellung die vom Betriebsrat nach § 93 BetrVG verlangte innerbetriebliche **Ausschreibung unterblieben** ist. Dies gilt auch dann, wenn eine mit dem Betriebsrat vereinbarte **Form nicht eingehalten** wurde (BAG 18.12.1990 – 1 ABR 15/90) oder die Ausschreibung **unvollständig** ist (BAG 6.10.2010 – 7 ABR 18/09). Der Betriebsrat kann auch die Zustimmung zur Einstellung eines Leiharbeitnehmers verweigern, wenn eine Ausschreibung trotz eines entsprechenden Verlangens unterblieben ist (BAG 7.6.2016 – 1 ABR 33/14; BAG 1.2.2011 – 1 ABR 79/09). Die Zustimmungsverweigerung wegen unterbliebener Ausschreibung gem. § 93 BetrVG ist selbst dann nicht rechtsmissbräuchlich, wenn nicht mit internen Bewerbern zu rechnen ist (LAG Düsseldorf 12.4.2019 – 10 TaBV 46/18).

76. Wie ist der Zustimmungsverweigerungsgrund gem. § 99 Abs. 2 Nr. 6 BetrVG einzuordnen?

Der Betriebsrat kann gem. § 99 Abs. 2 Nr. 6 BetrVG zu einer geplanten Einstellung die Zustimmung verweigern, wenn die durch Tatsachen begründete Besorgnis besteht, dass der in Aussicht genommene Bewerber den Betriebsfrieden durch gesetzeswidriges Verhalten oder durch grobe Verletzung der in § 75 Abs. 1 BetrVG enthaltenen Grundsätze, insbesondere durch rassistische oder fremdenfeindliche Betätigung, stören werde. Anknüpfungspunkt ist hierbei das **zu erwartende Verhalten** des Einzustellenden. Nicht das vergangene, sondern das zukünftig zu erwartende Verhalten muss gesetzeswidrig sein oder gegen § 75 Abs. 1 BetrVG verstoßen (BAG 16.11.2004 – 1 ABR 48/03). Als gesetzeswidriges Verhalten kommen beispielsweise eine körperliche Auseinandersetzung am Arbeitsplatz oder ein Diebstahl an Kollegen in Betracht.

77. Kann die Zustimmung verweigert werden, wenn nicht rechtzeitig und vollständig unterrichtet wurde?

Die Verletzung der **Unterrichtungspflicht** gem. § 99 Abs. 1 BetrVG begründet keinen Zustimmungsverweigerungsgrund. Allerdings wird erst durch die vollständige Unterrichtung die Wochenfrist gem. § 99 Abs. 3 BetrVG in Gang gesetzt und es kann sich die Notwendigkeit ergeben, dass der Betriebsrat den Arbeitgeber auf die nicht vollständige Unterrichtung hinweist (→ *Frage 48: Läuft die Wochenfrist auch bei einer unvollständigen Unterrichtung?*).

V. Arbeitsgerichtliches Zustimmungsersetzungsverfahren

Hat der Betriebsrat bei einer Einstellung die Zustimmung verweigert, muss der Arbeitgeber die Zustimmung gerichtlich einholen. Der Betriebsrat wird nun Beteiligter in einem vom Arbeitgeber eingeleiteten Gerichtsverfahren. Dies wirft zahlreiche Fragen auf.

78. Was kann der Arbeitgeber bei einer Zustimmungsverweigerung gerichtlich geltend machen?

Verweigert der Betriebsrat seine Zustimmung, so kann der Arbeitgeber gem. § 99 Abs. 4 BetrVG beim Arbeitsgericht beantragen, die **Zustimmung zu ersetzen.** Das Arbeitsgericht prüft dann, ob die Zustimmungsverweigerung des Betriebsrats berechtigt war oder nicht. Beantragt der Arbeitgeber dies und stellt sich im Laufe des Verfahrens heraus, dass die Zustimmung des Betriebsrats mangels rechtzeitiger oder beachtlicher Zustimmungsverweigerung gem. § 99 Abs. 3 S. 2 BetrVG schon als erteilt gilt, so hat das Gericht auch ohne einen ausdrücklich darauf gerichteten Antrag des Arbeitgebers zu entscheiden, dass die Zustimmung des Betriebsrats als erteilt gilt. Ggf. stellt der Arbeitgeber ausdrücklich einen entsprechenden Hilfsantrag auf **Feststellung,** dass die Zustimmung bereits als erteilt gilt (BAG 13.5.2014 – 1 ABR 9/12; BAG 18.10.1988 – 1 ABR 33/87; Fitting BetrVG § 99 Rn. 285).

→ Muster 1: Ablauf der Mitbestimmung bei einer Einstellung gem. § 99 BetrVG

79. Kann auch eine Einigungsstelle die Zustimmung ersetzen?

Grundsätzlich entscheidet das Arbeitsgericht im Beschlussverfahren, ob eine Zustimmungsverweigerung berechtigt ist oder nicht. Allerdings können die Betriebsparteien auch vereinbaren, dass dem Betriebsrat im Zusammenhang mit einer Einstellung gem. § 99 BetrVG ein **echtes Mitbestimmungsrecht** zustehen soll. Wird eine solche Vereinbarung getroffen, so entscheidet über die Zustimmung des Betriebsrats eine solche **Einigungsstelle** (BAG 18.8.2009 – 1 ABR 49/08; Fitting BetrVG § 99 Rn. 1).

80. Kann das Arbeitsgericht die Zustimmung bei einer unvollständigen Unterrichtung ersetzen?

Das Arbeitsgericht muss prüfen, ob der Betriebsrat vollständig unterrichtet wurde, da dies **Voraussetzung für die Zustimmungsersetzung** ist. Schließlich wird erst durch die vollständige Unterrichtung die Wochenfrist gem. § 99 Abs. 3 S. 1 BetrVG in Gang gesetzt (BAG 6.10.2010 – 7 ABR 80/09; Fitting BetrVG § 99 Rn. 270) (→ *Frage 48: Läuft die Wochenfrist auch bei einer unvollständigen Unterrichtung?*).

81. Kann während eines gerichtlichen Verfahrens die vollständige Unterrichtung nachgeholt werden?

Es besteht die Möglichkeit, dass der Arbeitgeber durch das Nachholen seiner **Informationsverpflichtung** die Wochenfrist gem. § 99 Abs. 3 S. 1 BetrVG zum Laufen bringt. Dies kann auch noch dann erfolgen, wenn der Arbeitgeber bereits ein arbeitsgerichtliches **Verfahren** auf Zustimmungsersetzung eingeleitet hat. Für den Betriebsrat muss dann allerdings erkennbar sein, dass der Arbeitgeber die Informationen auch deswegen vervollständigt, weil er seiner ggf. noch nicht (vollständig) erfüllten Unterrichtungspflicht aus § 99 Abs. 1 S. 1 und 2 BetrVG nachkommen möchte. Das muss nicht ausdrücklich geschehen, sondern kann sich aus den Umständen der nachgereichten Informationen ergeben. Die ergänzende Information des Betriebsrats kann auch durch einen Schriftsatz oder ihm beigefügte Anlagen erfolgen. Dann beginnt der Lauf der Frist des § 99 Abs. 3 S. 1 BetrVG aber erst, wenn die Mitteilung beim Vorsitzenden des Betriebsrats eingeht (BAG 12.1.2011

– 7 ABR 25/09; Fitting BetrVG § 99 Rn. 277a). Holt der Arbeitgeber die Erfüllung der Informationsverpflichtung nach, hat der Betriebsrat eine Woche Zeit zu prüfen, ob sich (weitere) Zustimmungsverweigerungsgründe aus der nachgeholten Information ergeben (LAG Düsseldorf 20.12.2016 – 14 TaBV 57/16; Fitting BetrVG § 99 Rn. 271). Ein **Nachschieben von Zustimmungsverweigerungsgründen** des Betriebsrats nach Ablauf der Wochenfrist ist im Verfahren nach § 99 Abs 4 BetrVG grundsätzlich unzulässig (→ *Frage 52: Kann der Betriebsrat Zustimmungsverweigerungsgründe nach Ablauf der Wochenfrist nachschieben?*).

82. Kann der Arbeitgeber ein gerichtliches Zustimmungsersetzungsverfahren einseitig beenden?

Der Arbeitgeber kann eigenständig darüber entscheiden, ob er nach der **Zustimmungsverweigerung** das gerichtliche Verfahren zur Zustimmungsersetzung gem. § 99 Abs. 4 BetrVG einleitet. Ebenso kann der Arbeitgeber entscheiden, dass er sein **Zustimmungsersuchen** während eines bereits eingeleiteten gerichtlichen Verfahrens wieder zurückzieht. Ist dies der Fall, hat sich das arbeitsgerichtliche Verfahren objektiv erledigt (Fitting BetrVG § 99 Rn. 286).

VI. Vorläufige Einstellung

In der Praxis warten Arbeitgeber die Entscheidung des Betriebsrats zu einer Einstellung häufig nicht ab, sondern nehmen eine so genannte vorläufige Einstellung vor. Für den Betriebsrat stellt sich wiederum die Frage nach seinen Handlungsoptionen. Diese sollen nachfolgend aufgezeigt werden, nachdem Voraussetzungen und Rechtsfolgen der vorläufigen Einstellung näher betrachtet wurden.

83. Was ist eine vorläufige Einstellung?

Der Arbeitgeber kann, wenn dies aus **sachlichen Gründen dringend erforderlich** ist, eine Einstellung gem. § 100 Abs. 1 S. 1 BetrVG **vorläufig** durchführen, bevor der Betriebsrat sich geäußert oder wenn er die Zustimmung verweigert hat. Hintergrund für diese Regelung ist, dass es Situationen gibt, in denen dem Arbeitgeber ein Abwarten auf die Entscheidung des Betriebsrats bzw. des Arbeitsgerichts zur Zustimmungsersetzung (→ *Frage 78: Was kann der Arbeitgeber bei einer Zustimmungsverweigerung gerichtlich geltend machen?*) nicht zugemutet werden kann, weil sachliche Gründe eine vorläufige Durchführung der Einstellung dringend gebieten (Fitting BetrVG § 100 Rn. 1).

84. Ist der Arbeitgeber zur Durchführung eines Zustimmungsersetzungsverfahrens verpflichtet, wenn der Betriebsrat die Zustimmung zur Einstellung verweigert?

Der Arbeitgeber ist dann verpflichtet, wenn er eine Selbstbindung eingegangen ist. Ebenso verpflichtet der in § 164 Abs. 4 S. 1 Nr. 1 SGB IX gesetzlich verankerte Beschäftigungsanspruch schwerbehinderter Menschen den Arbeitgeber das gerichtliche Zustimmungsersetzungsverfahren durchzuführen, wenn er erkennt, dass die geltend gemachten Zustimmungsverweigerungsgründe tatsächlich nicht vorliegen. Eine generelle Verpflichtung ergibt sich aber nicht aus der vertraglichen Rücksichtnahmepflicht des Arbeitgebers. Der Arbeitgeber hat ein eigenes schutzwürdiges Interesse selbst zu entscheiden, ob er von seinem Antragsrecht auf Einleitung eines Zustimmungsersetzungsverfahrens Gebrauch machen und sich damit in eine gerichtliche Auseinandersetzung mit dem Betriebsrat begeben will oder ob er hiervon Abstand nehmen möchte. Die vertragliche Rücksichtnahmepflicht gegenüber dem Arbeitnehmer gebietet ihm weder, das mit der Durchführung eines gerichtlichen Beschlussverfahrens verbundene Verfahrens- und Kostenrisiko auf sich zu nehmen, noch muss er das Risiko eingehen, dass aus einer solchen gerichtlichen Auseinandersetzung weitere betriebliche Konflikte resultieren (BAG 21.2.2017 – 1 AZR 367/15).

85. Was sind die Voraussetzungen einer vorläufigen Einstellung?

Voraussetzung für die Durchführung einer vorläufigen Einstellung ist, dass diese aus sachlichen Gründen dringend erforderlich ist und der Arbeitgeber den Betriebsrat unverzüglich darüber unterrichtet (HessLAG 21.5.2013 – 4 TaBV 298/12). Die Erforderlichkeit liegt vor, wenn ein **verantwortungsbewusster Arbeitgeber** im Interesse des Betriebs alsbald handeln muss. Aus dem Merkmal „aus sachlichen Gründen" ergibt sich, dass die Dringlichkeit auf vom Arbeitgeber nicht rechtzeitig **voraussehbaren Umständen** beruhen muss. Der Arbeitgeber darf sich also selbst **nicht bewusst in Zugzwang setzen,** um nach § 100 BetrVG handeln zu können. Die Maßnahme muss wirklich notwendig sein und kein zumutbarer anderer Weg zur Verfügung stehen. Die Voraussetzungen liegen beispielsweise nicht vor, wenn eine Stelle besetzt werden muss, deren bisheriger Stelleninhaber wegen Erreichen des Rentenalters den Betrieb verlässt. Dieser Sachverhalt ist für den Arbeitgeber voraussehbar, so dass keine Notwendigkeit für eine vorläufige Maßnahme besteht (LAG Hamm 12.8.2014 – 7 TaBV 29/14; LAG Hmb 29.8.2013 – 1 TaBV 3/13; Fitting BetrVG § 100 Rn. 4, 4a).

86. Wie muss der Arbeitgeber den Betriebsrat über eine vorläufige Einstellung informieren?

Nimmt der Arbeitgeber eine vorläufige Einstellung vor, so hat er den Betriebsrat gem. § 99 Abs. 2 S. 1 BetrVG **unverzüglich,** das heißt gem. § 121 Abs. 1 BGB ohne schuldhaftes Zögern zu unterrichten. Die Unterrichtung kann mündlich oder schriftlich erfolgen. Der Betriebsrat muss mit den übermittelten und bei ihm vorhandenen Informationen in der Lage sein, die vorläufige Maßnahme und ihre Erforderlichkeit mit Blick auf sein Recht zum Bestreiten nach § 100 Abs. 2 S. 2 BetrVG zu beurteilen (LAG München 7.12.2017 – 4 TaBV 30/17). Dabei sind in der Regel bereits alle Angaben zu machen, über die der Betriebsrat bei einer Einstellung zu unterrichten ist (→ *Frage 28: Was gehört zu einer umfassenden Unterrichtung?*). Zusätzlich ist die **sachliche Dringlichkeit** der Maßnahme darzulegen. Grundsätzlich ist der Arbeitgeber verpflichtet, dem Betriebsrat bereits bei der (ersten) Unterrichtung gem. § 99 BetrVG mitzuteilen, ob er eine vorläufige Einstellung vornehmen muss. Nicht ausreichend ist es, diese Information erst dann mitzuteilen, wenn der Betriebsrat seine Zustimmung nach der Unterrichtung verweigert. Eine Nachholung der Begründung nach Einleitung des Verfahrens nach § 100 Abs. 2 S. 3 BetrVG ist ebenfalls nicht möglich (HessLAG 17.10.2006 – 4 TaBV 42/06; Fitting BetrVG § 100 Rn. 8).

87. Wie kann der Betriebsrat reagieren, wenn er über eine vorläufige Einstellung unterrichtet wird?

Der Betriebsrat hat die Möglichkeit, die vorläufige Einstellung gem. § 100 Abs. 1 BetrVG zu billigen, indem er die **Dringlichkeit einräumt** oder nichts unternimmt. Davon unabhängig besteht das Recht des Betriebsrats, über die Einstellung gem. § 99 Abs. 1 BetrVG zu befinden (→ *Frage 46: Wie kann der Betriebsrat auf eine Anhörung reagieren?*). Ist der Betriebsrat der Auffassung, dass die Voraussetzungen einer vorläufigen Einstellung nicht gegeben sind, so muss er dies dem Arbeitgeber **unverzüglich** (→ *Frage 89: Welche Frist muss der Betriebsrat einhalten, wenn er die sachliche Dringlichkeit bestreitet?*) mitteilen und gegenüber dem Arbeitgeber gem. § 100 Abs. 2 BetrVG die dringende Erforderlichkeit bestreiten. Dabei kann der Betriebsrat gleichzeitig bereits die **Zustimmungsverweigerung** erklären. Er kann diese Erklärung aber auch zu einem späteren Zeitpunkt innerhalb der entsprechenden

Frist (→ *Frage 47: Bis wann muss der Betriebsrat auf eine Anhörung reagieren?*) nachholen (Fitting BetrVG § 100 Rn. 9, 10).

88. Muss der Betriebsrat begründen, wieso er die sachliche Dringlichkeit bestreitet?

Gem. § 100 Abs. 2 S. 2 BetrVG ist der Betriebsrat nicht verpflichtet, dem Arbeitgeber **Gründe** für sein Bestreiten zu nennen. Anders hat der Gesetzgeber dies für die Zustimmungsverweigerung angeordnet, wo ausdrücklich eine Begründung durch den Betriebsrat verlangt wird (→ *Frage 51: Was muss der Betriebsrat beachten, wenn er seine Zustimmung verweigern möchte?*). In der Praxis wird der Betriebsrat dem Arbeitgeber aber regelmäßig aufzeigen, wieso er die **sachliche Dringlichkeit** bestreitet.

89. Welche Frist muss der Betriebsrat einhalten, wenn er die sachliche Dringlichkeit bestreitet?

Gem. § 100 Abs. 2 S. 2 BetrVG hat der Betriebsrat dem Arbeitgeber sein Bestreiten unverzüglich, dh gem. § 121 Abs. 1 BGB **ohne schuldhaftes Zögern** mitzuteilen. Eine feste Frist gibt es nicht. Der Betriebsrat hat allerdings so schnell wie möglich im Rahmen einer Sitzung einen **Beschluss** zu fassen, dass er die sachliche Dringlichkeit bestreiten möchte.

90. Welche Form muss der Betriebsrat einhalten, wenn er die sachliche Dringlichkeit bestreitet?

Für die Erklärung des Betriebsrats ist eine **Form** nicht vorgeschrieben. Anders ist dies bei der Zustimmungsverweigerung geregelt worden, die gem. § 99 Abs. 3 BetrVG schriftlich erfolgen muss (→ *Frage 53: Welche Form muss die Zustimmungsverweigerung haben?*). In der Regel wird der Betriebsrat aber auch das Bestreiten der sachlichen Dringlichkeit **schriftlich** (zB E-Mail) vornehmen, um diese besser dokumentieren zu können.

91. Was muss der Arbeitgeber machen, wenn der Betriebsrat die sachliche Dringlichkeit bestreitet?

Gem. § 100 Abs. 2 S. 3 BetrVG darf der Arbeitgeber in dieser Situation die vorläufige Einstellung nur aufrechterhalten, wenn er innerhalb von drei Tagen beim Arbeitsgericht die Ersetzung der Zustimmung des Betriebsrats (→ *Frage 78: Was kann der Arbeitgeber bei einer Zustimmungsverweigerung gerichtlich geltend machen?* ff.) und die Feststellung beantragt, dass die Maßnahme aus sachlichen Gründen dringend erforderlich war. Mit Tagen sind die **Kalendertage** gemeint. Hat der Betriebsrat dem Arbeitgeber am Freitag das Bestreiten übermittelt, muss der Arbeitgeber also am darauffolgenden Montag bereits das Verfahren gem. § 100 Abs. 2 S. 3 BetrVG einleiten. Mit einem solchen Verfahren wird gleichzeitig auch das **gerichtliche Zustimmungsersetzungsverfahren** eingeleitet, obwohl der Betriebsrat zu diesem Zeitpunkt über die Zustimmung oder Zustimmungsverweigerung ggf. noch gar nicht abschließend entschieden hat (→ *Frage 87: Wie kann der Betriebsrat reagieren, wenn er über eine vorläufige Einstellung unterrichtet wird?*). Stimmt der Betriebsrat anschließend der Einstellung doch zu, so ist das gerichtliche Verfahren für erledigt zu erklären (Fitting BetrVG § 100 Rn. 11–12a).

92. Muss der Arbeitgeber den betroffenen Arbeitnehmer informieren, wenn der Betriebsrat die sachliche Dringlichkeit bestreitet?

Gem. § 100 Abs. 1 S. 2 BetrVG hat der Arbeitgeber den betroffenen Arbeitnehmer bzw. Bewerber zu informieren, wenn der Betriebsrat bei einer vorläufigen Einstellung die sachliche Dringlichkeit bestreitet. Er hat ihn über die **Sach- und Rechtslage** aufzuklären, zB dass die Maßnahme unter Umständen gem. § 100 Abs. 3 BetrVG rückgängig gemacht werden muss und welche Stellungnahme der Betriebsrat abgegeben hat. Unterlässt der Arbeitgeber die Unterrichtung, führt dies allerdings nicht sofort zur **Unwirksamkeit** der vorläufigen Einstellung (Fitting BetrVG § 100 Rn. 7, 7a).

93. Welche Entscheidungsmöglichkeiten bestehen bei einem Verfahren gem. § 100 Abs. 2 BetrVG?

Das Arbeitsgericht kann zu vier verschiedenen Ergebnissen kommen:

- Das Arbeitsgericht hält die Maßnahme für **dringend erforderlich** und **keinen Zustimmungsverweigerungsgrund** gem. § 99 Abs. 2 BetrVG für gegeben: Der Arbeitgeber darf die Einstellung dauerhaft durchführen.
- Das Arbeitsgericht hält die Maßnahme **nicht für dringend erforderlich** und bestätigt die **Zustimmungsverweigerung** des Betriebsrats: Der Arbeitgeber darf die Einstellung weder vorläufig noch dauerhaft aufrechterhalten.
- Das Arbeitsgericht hält die Maßnahme für **dringend erforderlich,** bestätigt aber die **Zustimmungsverweigerung** des Betriebsrats: Die Einstellung war zwar vorläufig gerechtfertigt, bleibt aber nicht rechtswirksam und darf nicht aufrecht erhalten werden.
- Das Arbeitsgericht hält zwar **keine Zustimmungsverweigerung** für gegeben, hält die vorläufige Einstellung aber nicht für **dringend erforderlich:** Der Feststellungsantrag ist nur abzuweisen, wenn die Maßnahme offensichtlich nicht dringend war (→ *Frage 94: Was heißt, dass die vorläufige Einstellung „offensichtlich" nicht dringend erforderlich war?*). Dies ist im Beschluss zum Ausdruck zu bringen (Fitting BetrVG § 100 Rn. 13; einschränkend: BAG 26.10.2004 – 1 ABR 45/03).

94. Was heißt, dass die vorläufige Einstellung „offensichtlich" nicht dringend erforderlich war?

Das Merkmal „offensichtlich" erfordert eine grobe **Verkennung** der sachlich-betrieblichen Notwendigkeit der vorläufigen Durchführung der Personalmaßnahme durch den Arbeitgeber. Bei der Beurteilung ist auf die Sicht des Arbeitgebers zum **Zeitpunkt der Durchführung** der als dringlich angesehenen Maßnahme auszugehen und nicht, wie die Situation möglicherweise **nachträglich** aufgrund der weiteren tatsächlichen Entwicklung zu bewerten ist (BAG 7.11.1977 – 1 ABR 55/75; Fitting BetrVG § 100 Rn. 14).

95. Muss die vorläufige Einstellung sofort beendet werden, nachdem entschieden wurde, dass sie offensichtlich aus sachlichen Gründen nicht dringend erforderlich war?

Stellt das Arbeitsgericht rechtskräftig fest, dass die Einstellung offensichtlich aus sachlichen Gründen **nicht dringend erforderlich** war oder lehnt das Gericht durch rechtskräftige Entscheidung die Ersetzung der Zustimmung des Betriebsrats ab, so endet gem. § 100 Abs. 3 BetrVG die vorläufige personelle Maßnahme mit Ablauf von **zwei Wochen nach Rechtskraft** der Entscheidung. Von diesem Zeitpunkt an darf die personelle Maßnahme nicht aufrechterhalten werden (siehe dazu auch Fitting BetrVG § 100 Rn. 18 ff.).

VII. Streitigkeiten, Aufhebungsanspruch

Nicht immer werden vom Arbeitgeber die Mitbestimmungsrechte gem. § 99 BetrVG eingehalten. Teilweise wird ein Betriebsrat gar nicht oder nicht gesetzmäßig beteiligt. Insoweit stellt sich die Frage, wie der Betriebsrat in derartigen Situationen vorgehen kann.

96. Was hat eine nicht rechtzeitige Unterrichtung für Folgen?

Die nicht rechtzeitige Unterrichtung führt dazu, dass die Wochenfrist noch nicht läuft (→ *Frage 48: Läuft die Wochenfrist auch bei einer unvollständigen Unterrichtung?*). Darüber hinaus stellt sie eine **Ordnungswidrigkeit** gem. § 121 BetrVG dar (Fitting BetrVG § 99 Rn. 177).

97. Was kann der Betriebsrat machen, wenn der Arbeitgeber eine Einstellung ohne Beteiligung des Betriebsrats vornimmt?

Führt der Arbeitgeber eine Einstellung ohne Zustimmung des Betriebsrats durch, so kann der Betriebsrat beim Arbeitsgericht gem. § 101 BetrVG beantragen, dem Arbeitgeber aufzugeben, die personelle Maßnahme aufzuheben (**Aufhebungsanspruch**) und damit die tatsächliche Beschäftigung des Arbeitnehmers zu unterlassen. Entscheidet das Arbeitsgericht rechtskräftig zugunsten des Betriebsrats und hebt der Arbeitgeber die Einstellung nicht auf, so kann der Betriebsrat beantragen, dass der Arbeitgeber zur Aufhebung der Maßnahme durch **Zwangsgeld** angehalten wird. Das Höchstmaß des Zwangsgeldes beträgt für jeden Tag der Zuwiderhandlung 250 EUR (Fitting BetrVG § 99 Rn. 279 und § 101 Rn. 3). Darüber hinaus steht dem Betriebsrat ein Unterlassungsanspruch zu, soweit die Voraussetzungen des § 23 Abs. 3 BetrVG (grober Pflichtenverstoß des Arbeitgebers) erfüllt werden. Möglich ist auch, dass dieser Unterlassungsanspruch per **einstweiliger Verfügung** durchgesetzt wird (BAG 9.3.2011 – 7 ABR 137/09; BAG 23.6.2009 – 1 ABR 23/08; Fitting BetrVG Rn. 296–298). Hat der Arbeitgeber die Einstellung bereits wieder aufgehoben, kann unter Umständen auch ein **Feststellungsantrag** gestellt werden, dass der Betriebsrat nicht ordnungsgemäß beteiligt wurde, um für vergleichbare Fälle in der Zukunft Rechtssicherheit für den Betriebsrat und den Arbeitgeber herbeizuführen (Fitting BetrVG § 101 Rn. 4, 5).

98. Was kann der Betriebsrat machen, wenn der Arbeitgeber eine Einstellung trotz Zustimmungsverweigerung vornimmt?

Hat der Arbeitgeber den Betriebsrat gar nicht beteiligt, kann der Betriebsrat unter anderem einen **Aufhebungsanspruch** gem. § 101 BetrVG geltend machen (→ *Frage 97: Was kann der Betriebsrat machen, wenn der Arbeitgeber eine Einstellung ohne Beteiligung des Betriebsrats vornimmt?*). Ebenso ist dies der Fall, wenn der Arbeitgeber den Betriebsrat zwar unterrichtet und um Zustimmung bittet, nach der Zustimmungsverweigerung die Einstellung aber ohne Durchführung eines Zustimmungsersetzungsverfahrens (→ *Frage 78: Was kann der Arbeitgeber bei einer Zustimmungsverweigerung gerichtlich geltend machen?* ff.) vornimmt. Besonderheiten ergeben sich lediglich für den Fall einer **vorläufigen Einstellung** gem. § 100 BetrVG (→ *Frage 83: Was ist eine vorläufige Einstellung?* ff.).

99. Was kann der Betriebsrat machen, wenn der Arbeitgeber eine vorläufige personelle Maßnahme rechtswidrig aufrechterhält?

Hält der Arbeitgeber eine vorläufige Einstellung entgegen § 100 Abs. 2 S. 3 oder Abs. 3 BetrVG aufrecht, so kann der Betriebsrat beim Arbeitsgericht gem. § 101 BetrVG beantragen, dem Arbeitgeber aufzugeben, die personelle Maßnahme aufzuheben (**Aufhebungsanspruch**) und damit die tatsächliche Beschäftigung des Arbeitnehmers zu unterlassen. Im Übrigen kann er die gleichen rechtlichen Maßnahmen ergreifen, als wenn der Arbeitgeber ihn gar nicht beteiligt hätte (→ *Frage 97: Was kann der Betriebsrat machen, wenn der Arbeitgeber eine Einstellung ohne Beteiligung des Betriebsrats vornimmt?*).

100. Kann der Arbeitgeber ein Zustimmungsersuchen nachholen, nachdem der Betriebsrat ein Verfahren gem. § 101 BetrVG eingeleitet hat?

Hat der Arbeitgeber die vorherige Beteiligung des Betriebsrats gem. § 99 BetrVG vollständig unterlassen, kann der **betriebsverfassungswidrige Zustand** im Falle der Einstellung nur durch **Aufhebung der Maßnahme,** nicht aber durch einfache Nachholung der Beteiligung beseitigt werden. Anderenfalls könnte der Arbeitgeber die Beteiligung des Betriebsrats unterlassen, die personelle Maßnahme durchführen, abwarten, ob der Betriebsrat von sich aus durch Einleitung eines Verfahrens nach § 101 BetrVG initiativ wird und die Beteiligung dann nachholen, ohne die Maßnahme aufheben zu müssen. Damit würde das Mitbestimmungsrecht nach § 99 Abs. 1 BetrVG faktisch auf ein Einspruchsrecht reduziert. Das widerspräche nicht nur der Grundkonzeption der personellen Mitbestimmung nach §§ 99, 100 BetrVG, sondern auch dem in § 101 BetrVG zum Ausdruck gekommenen gesetzgeberischen Ziel, dem Betriebsrat ein Werkzeug an die Hand zu geben, das gewährleistet, dass der Arbeitgeber für die Zukunft die Mitbestimmungsrechte des Betriebsrats achtet und die betriebsverfassungsrechtliche Ordnung einhält. Das ist nur gesichert, wenn der Arbeitgeber ein **neues ordnungsgemäßes Zustimmungsersuchen** allein bei vorheriger Aufhebung der ursprünglichen Maßnahme an den Betriebsrat richten kann. Bei dem erforderlichen neuen Besetzungsvorgang können sich zudem weitere neue Umstände ergeben, die eine andere Beurteilung etwaiger Zustimmungsverweigerungsgründe durch den Betriebsrat veranlassen können (BAG 21.11.2018 – 7 ABR 16/17).

101. Kann der Arbeitgeber ein Verfahren zur Einstellung wiederholen, nachdem der Betriebsrat erfolgreich einen Aufhebungsanspruch gem. § 101 BetrVG geltend gemacht hat?

Der Arbeitgeber ist nicht gehindert, ein bereits begonnenes Zustimmungsersetzungsverfahren einseitig zu **beenden** (→ *Frage 82: Kann der Arbeitgeber ein gerichtliches Zustimmungsersetzungsverfahren einseitig beenden?*). Ebenso kann er eine Einstellung zunächst einmal aufheben und das Verfahren zur Ausübung des Mitbestimmungsrechts gem. § 99 BetrVG nochmals **wiederholen** (BAG 16.1.2007 – 1 ABR 16/06; Fitting BetrVG § 101 Rn. 13). Des Weiteren kann der Arbeitgeber noch während des Laufs des gerichtlichen Verfahrens über die Ersetzung der Zustimmung des Betriebsrats für dieselbe Stelle mit einem neuen Besetzungsvorgang nach § 99 Abs. 1 S. 1 BetrVG beginnen (BAG 28.2.2006 – 1 ABR 1/05; LAG Köln 23.3.2018 – 9 TaBV 62/17).

Muster

Muster 1: Ablauf der Mitbestimmung bei einer Einstellung gem. § 99 BetrVG

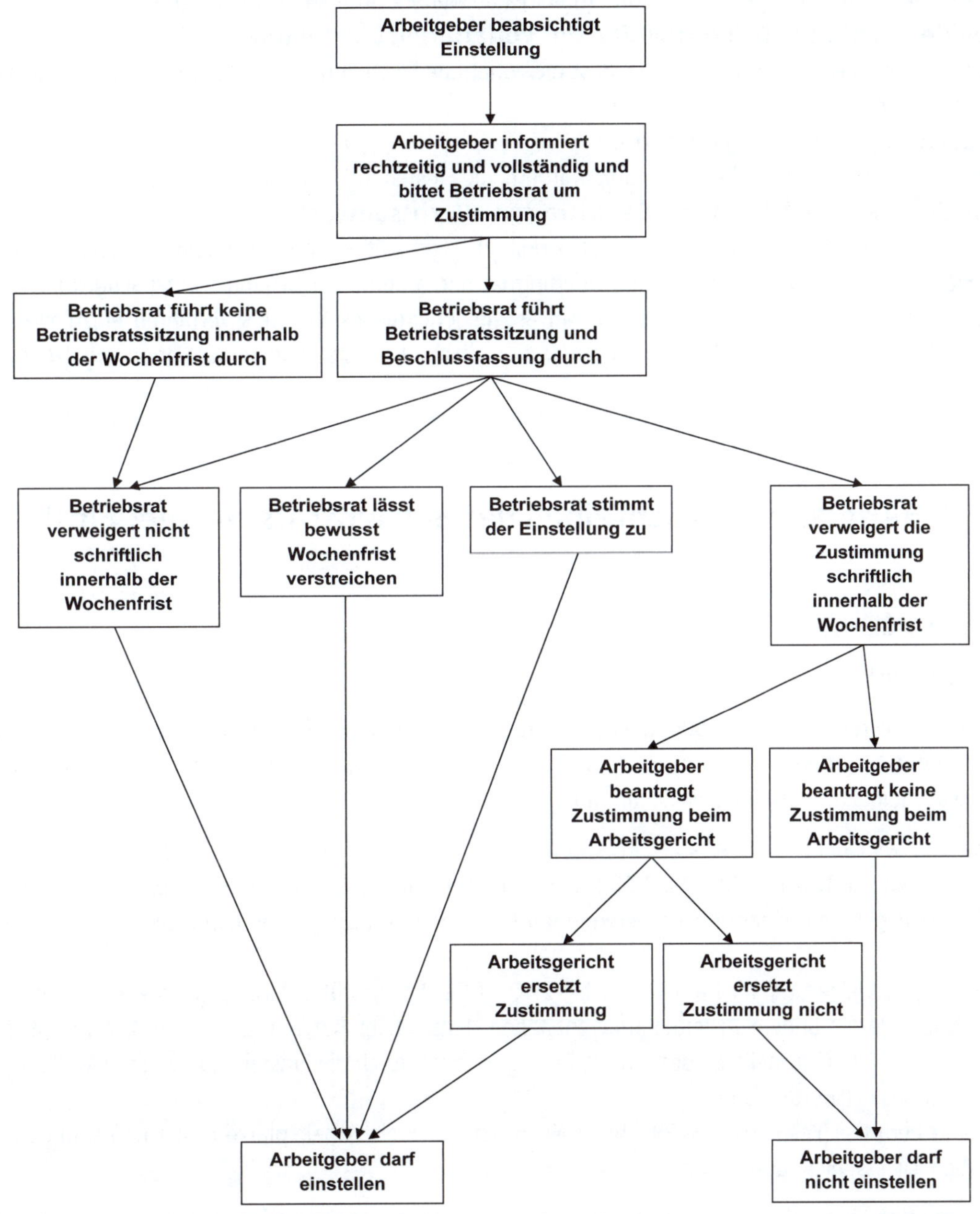

Muster 2: Mögliche Beschlüsse zu einer Einstellung gem. § 99 BetrVG

1. **Zustimmung**
   „Der Betriebsrat beschließt, der Einstellung von Herrn/Frau ...... zuzustimmen."
2. **Zustimmungsverweigerung**
   „Der Betriebsrat beschließt, die Zustimmung zur Einstellung von Herrn/Frau ...... aus folgenden Gründen zu verweigern: ......"

3. **Keine Stellungnahme – Verstreichenlassen der Wochenfrist**
„Der Betriebsrat beschließt, zur Einstellung von Herrn/Frau ...... keine Stellungnahme abzugeben. Er wird sich innerhalb der Wochenfrist gem. § 99 Abs. 3 BetrVG nicht zu der Einstellung gegenüber dem Arbeitgeber äußern."
4. **Anfordern weiterer Informationen**
„Der Betriebsrat stellt fest, dass er vom Arbeitgeber zur Einstellung von Herrn/Frau ...... nicht vollständig unterrichtet wurde. Er beschließt, den Arbeitgeber aufzufordern, folgende weitere Unterlagen vorzulegen: ......"
5. **Bestreiten der sachlichen Dringlichkeit einer vorläufigen Einstellung**
„Der Betriebsrat beschließt: Es wird bestritten, dass die vorläufige Einstellung von Herrn/Frau ...... aus sachlichen Gründen dringend erforderlich ist."
6. **Geltendmachung Aufhebungsanspruch**
„Der Betriebsrat beschließt, den Arbeitgeber aufzufordern, die Einstellung von Herrn/Frau ...... unverzüglich aufzuheben."
7. **Einleitung Beschlussverfahren und Beauftragung Rechtsanwalt**
„Der Betriebsrat hat mit Schreiben vom .... den Arbeitgeber zur Aufhebung der mitbestimmungswidrigen Einstellung von Herrn/Frau .... aufgefordert. Dieser Aufforderung ist der Arbeitgeber bislang nicht nachgekommen. Vor diesem Hintergrund wird Rechtsanwalt ...... beauftragt, ein arbeitsgerichtliches Beschlussverfahren einzuleiten. Ziel des Verfahrens ist die Aufhebung der Einstellung von Herrn/Frau ...... bzw. die Feststellung einer Verletzung der Mitbestimmungsrechte des Betriebsrats."

Muster 3: Beispiel für ein Schreiben des Betriebsrats zu einer Einstellung

Adressat

Einstellung Frau Müller

Sehr geehrte Damen und Herren,

der Betriebsrat ist mit Schreiben vom ...... über die beabsichtigte Einstellung von Frau Müller mit Wirkung zum ...... nach § 99 Abs. 1 BetrVG informiert worden. Nach eingehender Prüfung hat der Betriebsrat beschlossen, der beabsichtigten personellen Einzelmaßnahme aus folgenden Gründen die Zustimmung zu verweigern:

1. Die Zustimmung wird gem. § 99 Abs. 2 Nr. 1 BetrVG verweigert. Es liegt ein Verstoß gegen ein gesetzliches Diskriminierungsverbot vor. Nach § 164 Abs. 1 S. 1 SGB IX ist der Arbeitgeber verpflichtet, vor einer Einstellung zu prüfen, ob der freie Arbeitsplatz mit einem schwerbehinderten Menschen besetzt werden kann. Diese Prüfung ist bislang nicht erfolgt.
2. Die Zustimmungsverweigerung wird auf § 99 Abs. 2 Nr. 3 BetrVG gestützt. Es besteht die Besorgnis, dass durch die Einstellung Nachteile für andere Arbeitnehmer entstehen. Frau Meier hat am ...... einen Antrag auf Erhöhung ihrer Arbeitszeit gem. § 9 TzBfG gestellt. Es besteht die Besorgnis, dass durch die Einstellung von Frau Müller dieser Anspruch nicht mehr durchgesetzt werden kann.
3. Der Betriebsrat beruft sich ferner auf § 99 Abs. 2 Nr. 5 BetrVG. Freie Arbeitsplätze im Betrieb sind gem. § 93 BetrVG auszuschreiben. Dies ist nicht geschehen.

Zusätzlich weist der Betriebsrat darauf hin, dass bislang nicht die Bewerbungsunterlagen der weiteren Bewerber vorgelegt wurden. Aus Sicht des Betriebsrats ist die Unterrichtung daher unvollständig. Rein vorsorglich wird darauf hingewiesen, dass die Wochenfrist gem. § 99 Abs. 3 BetrVG erst nach vollständiger Unterrichtung beginnt. Der Betriebsrat behält sich insoweit vor, nach Prüfung der weiteren Unterlagen ggf. zusätzliche Zustimmungsverweigerungsgründe geltend zu machen.

Mit freundlichen Grüßen

____

Betriebsratsvorsitzende/r